INSTITUT NATIONAL DE FRANCE.

ACADÉMIE DES SCIENCES MORALES ET POLITIQUES.

DES ASSOCIATIONS

OUVRIÈRES,

Par M. VILLERMÉ.

CHAPITRE PREMIER.

États successifs des classes ouvrières en France.

La transformation des esclaves de l'ancienne société païenne en serfs, par l'établissement de la féodalité; des serfs en salariés, par l'émancipation; et des salariés, par leur activité, leur application, leur prévoyance, leur économie, leur bonne conduite, en commerçants, en industriels, en artistes, en gens de lettres et de loi, en prêtres, en savants, en petits propriétaires du sol, etc., qui s'élèvent ensuite aux meilleures positions sociales, d'où ils pourront retomber plus tard, par des désordres et des vices, dans les dernières conditions, est un fait bien connu. C'est ainsi que la noblesse héréditaire, les familles couronnées elles-mêmes, sortent de la glèbe ou de l'esclavage, et finissent, lorsqu'elles ne meurent pas dans toute leur gloire, par redescendre et se confondre dans les rangs inférieurs des peuples à la tête desquels elles marchaient, ou dont elles étaient la force intelligente.

Les différentes conditions sociales sont donc, à la longue et tour à tour, le partage de toutes les familles. Voilà comment des noms nouveaux succèdent à des noms illustres qui s'obscurcissent momentanément ou vont se retremper dans l'ancien tiers état, leur source primitive. On en a continuellement des preuves par les générations de chaque lignée qu'on voit s'élever et s'abaisser dans l'ordre social, d'une manière qui serait semblable au flux et reflux de la mer, si les périodes de grandeur et d'abaissement étaient moins inégaux. C'est là pour les familles, quelle que soit leur position à une époque donnée, une loi générale, je dirais presque d'égalité, à laquelle le temps les soumet toutes.

Par conséquent, la distance qui sépare les diverses classes de la société n'est pas infranchissable, ainsi que certaines gens se plaisent à le répéter. Personne, d'ailleurs, sur la terre de France, n'a aujourd'hui de privilége. Non-seulement il n'y a plus ni fiefs, ni seigneuries, ni droit d'aînesse, ni droit de masculinité; mais encore on vient de faire participer la nation tout entière à la souveraineté, en mettant en pratique le suffrage universel. Aucune classe de la nation n'est déshéritée des avantages accordés à d'autres classes. L'homme de travail manuel fait partie de la cité, aussi bien que le publiciste le plus éminent et le législateur lui-même. Les serfs, les vassaux, qui existent encore dans une partie de l'Europe, n'existent plus chez nous, où il n'y a plus que des citoyens; et ce titre place à côté du descendant des plus célèbres maisons le plus simple artisan. L'un et l'autre, égaux, parfaitement égaux vis-à-vis de la loi et dans la vie publique, sont astreints aux mêmes obligations, ont exactement les mêmes devoirs, les mêmes droits, et peuvent, par leurs aptitudes, leurs talents, leurs vertus, arriver aux richesses et aux premières dignités du pays. Tous les hommes, en France, sont donc soumis à la même loi. Mais c'est à ces titres seuls qu'il y a et qu'il peut y avoir égalité entre eux. Sous tous les autres rapports, la nature les a créés inégaux : elle a doué l'un des qualités les plus précieuses, à l'autre elle a tout refusé. Ces qualités donnent au premier un immense avantage, et le second, par leur absence, est fatalement voué à une position dépendante.

Sans doute on peut regretter que les hommes ne soient pas égaux entre eux à tous égards, et n'aient point la même valeur. Mais, regrets superflus! L'homme né chétif et faible, l'infirme, l'ignorant, le paresseux, l'imprévoyant, le débauché, ne peuvent lutter avec l'homme intelligent, robuste, instruit, laborieux, économe, et de bonnes mœurs. Obtiennent-ils, les uns et les autres, le même sort? Assurément non, mille fois non. Enfin, pour ne citer que des exemples pris dans l'industrie, sont-ils nombreux les ouvriers qui, toutes les circonstances aidant, pourraient devenir des Franklin, des Arkwright, ou bien des Jacquard?

Ce sont là des différences qui résultent de l'organisation de chacun, de sa volonté persévérante, de mille accidents, et contre lesquelles les lois écrites dans nos codes ne pourraient assurément rien.

Mais ces inégalités n'ont pas empêché la condition matérielle de la nation française, et plus particulièrement celle des ouvriers, tenus jadis dans la misère et l'abaissement, de s'améliorer presque constamment depuis un siècle et demi, et surtout depuis les changements que je viens de rappeler, c'est-à-dire depuis notre grande révolution de 1789 et ses heureuses réformes. Tous ces grands résultats ont été obtenus, grâce principalement à l'admissibilité de tous les Français à tous les emplois publics; à l'abolition des anciennes corporations d'arts et métiers; à la liberté de choisir sa profession; à l'affranchissement de l'industrie et du travail; à la division égale des héritages entre tous les enfants des mêmes parents (1); au droit concédé à tous, sans restriction, d'acquérir et de posséder le sol; à la suppression de toute distinction et prérogative de race, de naissance, pour ne laisser subsister qu'une noblesse viagère, qui est de tous les temps, et appartiendra toujours (parce que la nature de l'homme et celle des choses le veulent

---

(1) Et, à leur défaut, entre les différentes *souches copartageantes*.

ainsi) aux plus laborieux, aux plus intelligents, aux plus habiles, aux plus dignes.

Les avantages qui résultent des changements amenés par la révolution de 89 ne sont pas égaux pour toutes les classes dont se composait autrefois la nation, et il en est de propres à chacune. En partie problématiques, ou même nuls à certains égards, pour la classe la plus favorisée, ils sont d'autant plus grands pour les autres classes, que celles-ci étaient dans une position moins bonne.

CHAPITRE II.

Avantages que les ouvriers ont retirés de la révolution de 1789.

Les anciennes maîtrises et corporations d'arts et métiers, dont il était de condition rigoureuse pour tout ouvrier, fabricant ou entrepreneur, de faire partie, n'avaient pas seulement l'inconvénient d'entraver l'industrie, de s'opposer à ses progrès, d'en donner le monopole à quelques-uns, mais encore d'empêcher les ouvriers de travailler pour leur propre compte, et de les sacrifier aux intérêts des maîtres, ainsi que les consommateurs, c'est-à-dire le public, qui se procurait plus difficilement et payait plus cher tous les produits dont il avait besoin.

Alors le nombre des maîtres était limité ; eux seuls pouvaient fabriquer et vendre les objets de leur commerce. La maîtrise, accordée par eux, restait, à bien dire, le patrimoine exclusif de leurs familles, et les épreuves pour y admettre un ouvrier ou compagnon n'étaient, sous une forme légale, qu'un prétexte pour l'en écarter (1). En outre, l'ouvrier d'une industrie ruinée, d'une industrie

---

(1) Voir *De l'industrie française*, par le comte Chaptal, tome II, p. 3x8. — Voir encore J. B. Say, etc.

sans commandes, n'était pas libre de travailler, même temporaire-
ment, pour une autre industrie qui manquait de bras, ni de s'établir ailleurs que dans la ville où il était né, où il avait fait son apprentissage. Les règlements ne lui permettaient d'exercer qu'un
seul métier, et encore après un temps beaucoup trop long d'apprentissage.

Enfin, la différence souvent très-grande entre les statuts et pri-
viléges concédés aux communautés d'arts et métiers, non-seulement
des diverses professions, mais aussi de la même profession dans
différentes villes, et la bizarrerie, l'extravagance de certaines dispositions de ces *espèces de codes obscurs*, comme les appelait Turgot (1), ont fréquemment servi d'arsenal à la tyrannie des maîtres
envers les ouvriers. Les *Règlements sur les arts et métiers de Paris*,
rédigés au XIIIe siècle, et connus sous le nom du *Livre des
Métiers* d'Étienne Boileau (2), le grand *Traité de la Police*, par
Delamare (3), le Recueil des règlements de manufactures, etc.,
témoignent, presque à chaque page, de cette bizarrerie, comme
de la diversité infinie des statuts des anciennes corporations. Mais
si l'on ne veut pas se donner la peine de consulter ces sources importantes, on a un édit célèbre publié en février 1776, et *portant
suppression des jurandes;* édit dont les considérants s'expriment
de la manière suivante, relativement à certaines dispositions de ces
statuts :

« Toujours dictés par le plus grand intérêt des maîtres de chaque
« communauté, il en est qui excluent entièrement (de la maîtrise)
« tous autres que les fils de maîtres ou ceux qui épousent des veuves

----

(1) Dans un édit de Louis XVI, dont il sera parlé à l'instant.

(2) Voir, dans la *Collection de documents inédits sur l'histoire de France*,
publiés sous format in-4° par les soins du ministre de l'instruction publique, le
volume qui contient ces règlements.

(3) Quatre volumes in-folio, y compris la *continuation*. Voir surtout le second
volume publié en 1713, et continuant la pagination du premier (p. 649 à 1496
sans les tables).

« de maîtres. . . . .

« . . . .

    « Dans un grand nombre de communautés, il suffit d'être marié
« pour être exclu de l'apprentissage, et par conséquent de la maî-
« trise.

    « L'esprit de monopole qui a présidé à la confection de ces sta-
« tuts a été poussé jusqu'à exclure les femmes des métiers les plus
« convenables à leur sexe, tels que la broderie, qu'elles ne peuvent
« exercer pour leur propre compte. »

    Que diront de ces iniques et stupides dispositions les hommes
qui soutiennent que la concurrence ou la liberté dans l'industrie,
dans le travail, est un principe de tyrannie, une cause *sans cesse
agissante d'appauvrissement, de misère pour le pays entier, et d'extermination pour le peuple ?*

    Certes, il y avait dans les règlements cités une impitoyable tyran-
nie; et s'il est vrai que la concurrence *n'assure pas de travail au
pauvre*, on conviendra du moins que les maîtres ou les fabricants
d'autrefois savaient très-bien faire servir leur monopole à en refu-
ser, et pratiquaient encore moins la *fraternité* envers les ouvriers
que ne le font les patrons d'aujourd'hui.

    A côté de ces injustices, de ces violations du droit le plus sacré,
le plus naturel, celui de porter son travail et son industrie où on
les croit le plus profitables, et d'employer comme on l'entend son
intelligence, ses forces, son habileté à se procurer des moyens de
subsistance, il y avait, de la part des ouvriers, d'autres injustices,
d'autres violations qui leur servaient de vengeance, et devenaient
pour eux comme une compensation. Un ouvrier, un compagnon, le seul qui eût le droit de travailler pour un maître,
avait-il à se plaindre de celui-ci, et la plainte était-elle admise
par le corps, aussitôt on *damnait* (c'était le mot employé) la boutique de ce maître. Dès ce moment il n'était permis à aucun d'eux
d'y travailler : le maître était forcé ou de cesser immédiatement ses
travaux, ou de faire les excuses et les réparations qui lui étaient
imposées. Avaient-ils à se plaindre des magistrats d'une ville, ils

damnaient cette même ville, et tous les compagnons en sortaient à la fois : les ateliers devenaient déserts, tous les travaux étaient suspendus ; les nouveaux compagnons passaient sans s'arrêter ; et il fallait que les maîtres allassent dans les villes voisines négocier le retour des ouvriers (1).

Aussi l'Assemblée constituante s'empressa-t-elle d'abolir un tel régime, et de le remplacer par la liberté de l'industrie et du travail, comme Turgot l'avait déjà essayé en 1776, pendant son trop court ministère. Mais en 1791 la mesure ne devançait plus l'opinion générale ; elle ne faisait que s'y conformer. Étrange oubli des leçons de l'expérience ! Qui aurait pu croire que, cinquante ans seulement après une réforme si utile, si longtemps, si vivement réclamée, on en viendrait chez nous à faire publiquement, dans des discours et des écrits, l'éloge d'un système renversé aux applaudissements unanimes du peuple des travailleurs ; à critiquer la liberté du travail, ou, ce qui est la même chose, de l'émulation et de la libre concurrence dans l'industrie ?

CHAPITRE III.

Liberté du travail. — Controverses dont elle est l'objet.

Ceux qui se prononcent contre cette liberté, comme ceux qui s'en déclarent les partisans, obéissent presque tous, j'en suis convaincu, à un même sentiment, le saint amour de leurs semblables ou de leurs frères. Pour se ranger à l'opinion des premiers, il faut s'exagérer singulièrement les inconvénients de la liberté ; car elle en a, je ne le conteste pas. Mais quelles institutions, même les meilleures, en sont complétement exemptes ? Pour repousser cette

(1) Chaptal, ouvr. précité.

2.

liberté, il faut, dis-je, s'en exagérer les inconvénients réels; lui en attribuer de tout à fait imaginaires; n'avoir enfin aucune idée du mal produit par les maîtrises, jurandes et corporations, non au moyen âge, où elles eurent une si grande part à l'affaiblissement de la féodalité et à l'affranchissement des communes, mais avant 1789, et ignorer le bien immense qui est résulté de la libre concurrence substituée, dans l'industrie et le travail, au privilége de quelques-uns contre les droits de tous.

Il en est d'ailleurs des avantages de cette liberté comme de ceux des machines appliquées à l'industrie. Privé de ces nouveaux et puissants auxiliaires, aucun peuple assurément ne pourrait lutter contre les autres peuples qui les ont adoptés. Aussi, malgré d'incontestables inconvénients, toujours transitoires il est vrai, les machines, comme la concurrence, comme la liberté commerciale et industrielle, sont-elles pour les populations un immense bienfait. Toutefois, des réformateurs contemporains méconnaissant les services rendus à la fois par les machines et par la liberté du travail, et ceux qu'elles sont encore appelées à rendre à l'industrie, au commerce, à la richesse publique, à la civilisation, les accusent de presque tous les maux qui affligent aujourd'hui nos vieilles sociétés d'Europe. Ils prétendent pouvoir remédier à ces maux, tout à coup et pour toujours, par la mise en pratique de leurs systèmes. Mais ils oublient deux choses : c'est que, avant de les appliquer, il faudrait d'abord leur rendre favorable l'opinion publique; puis remanier, bouleverser complétement les habitudes et les institutions, refaire ce qu'on n'a jamais refait, ce que l'on ne refera jamais : le cœur, les passions et l'esprit humain, en opposition desquels on ne saurait jamais rien fonder de stable.

Pliant l'histoire à leurs théories, développant avec talent les faits qui leur sont favorables, tout en mutilant ou laissant dans l'ombre ceux qui leur sont contraires, ils affirment que le sort des classes ouvrières n'a jamais été aussi malheureux, aussi intolérable que maintenant. Perdant de vue la condition imparfaite de l'homme et sa destinée ici-bas, ils promettent de placer la société dans un état de choses parfait ; et, au milieu des misères inséparables, hélas! de l'humaine condition, de faire jouir à jamais chacun d'une félicité sans mélange.

Ils ont enfin la singulière prétention de connaître la science de l'économie politique sans l'avoir étudiée, sans avoir observé les faits qui la constituent, et de vouloir à toute force appliquer leurs théories, sans tenir compte des résistances qu'elles doivent rencontrer, et de l'impossibilité où elles sont de passer dans la pratique.

Ces théories, prônées au nom des plus nobles sentiments, la *justice* et la *fraternité*, ne sont guère invoquées que par ceux qu'elles flattent ou qui en profiteraient : par l'ambitieux, voulant exploiter la faveur populaire, et par le paresseux, l'homme sans énergie et de mauvaise conduite, qui trouverait à merveille de profiter du travail d'autrui et de vivre à ses dépens. Ceux que dirigent de tels motifs ne rappellent-ils pas cette foule dégradée qui, aux plus mauvais jours de l'ancienne Rome, se tenait sur la place publique, toujours prête à exciter des troubles et des séditions, et qui n'était pas plus le peuple que ne le sont, aux deux extrémités de l'échelle sociale, les castes privilégiées dans les pays où il en existe encore, ou bien, dans les grandes villes, les habitants des maisons ouvertes au crime et à la débauche?

Les hommes qui demandent de bonne foi l'application de ces théories ne voient pas qu'elles ne peuvent avoir d'autre résultat que de tuer la confiance publique, d'anéantir ou au moins de faire retirer les capitaux, conséquemment de faire cesser tout crédit, tout commerce, tout travail, et d'appauvrir, de ruiner la nation. L'espèce d'essai qui vient d'en être fait, si l'on peut considérer comme tel celui des ateliers nationaux, l'a trop bien prouvé. Il a produit, non-seulement ces effets, mais encore, pour les classes qui ont besoin de gagner chaque jour un salaire, le chômage et ses conséquences, avec des idées fausses, des espérances illusoires, de tristes déceptions; et, pour le pays, le soulèvement des passions, l'insurrection, l'horrible guerre civile; enfin, quoique nous nous proclamions le peuple le plus civilisé du globe, un recul véritable de la civilisation.

Qu'on ne s'attende pas que je m'occupe ici des théories auxquelles je fais allusion; je ne sortirai pas du cadre que je me suis tracé. Ainsi je ne dirai rien ni du *droit au travail*, ni de la limitation de sa durée, ni de la suppression du travail à la tâche et de l'abolition du marchandage, ni des ateliers nationaux, ni de l'égalité du salaire entre tous les travailleurs d'une même profession ou d'un même établissement industriel, ni de leur rétribution selon leurs besoins, et non selon leur travail, ni de la création dans les villes ou bourgs de bazars, de *banques d'échange* où leurs produits seraient portés pour les vendre à prix fixe, ou bien même les troquer directement contre d'autres produits (1); ni de l'émission par des banques nationales, afin de suppléer à la rareté de la monnaie métallique, ou même de s'en passer entièrement, de nouveaux papiers-monnaie et de titres hypothécaires ayant cours forcé; ni de la proposition de décréter le bon marché (2), ni de la réglementation de l'industrie par l'État, qui deviendrait le régulateur de la production; ni d'autres projets non moins chimériques et non moins funestes aux classes ouvrières.

Mais comme on insiste plus particulièrement sur les associations d'ouvriers, auxquels l'État fournirait les ateliers, les matières premières, les capitaux, enfin tous les instruments du travail, et donnerait sa clientèle, nous allons les examiner.

---

(1) Cette mesure permettrait, affirme-t-on, de supprimer un grand nombre d'agents inutiles, c'est-à-dire de marchands, et ferait bénéficier les *seuls producteurs*, c'est-à-dire les ouvriers, des profits de ces *intermédiaires parasites*, augmenterait la circulation des capitaux, et amènerait ainsi la baisse du taux de l'intérêt.

(2) En réduisant de 25 p. 100 toutes les valeurs, tous les salaires, tous les revenus, tous les prix!

CHAPITRE IV.

Considérations générales sur les associations ouvrières.

Et d'abord, c'est le lieu de se demander : Combien sont-ils ceux qui pourraient s'associer ainsi avec les fonds de l'État, c'est-à-dire de tout le monde ? M. Thiers l'a dit à la tribune nationale dans la séance du 13 septembre 1848 : ce sont seulement les ouvriers des villes et de certaines manufactures ou usines. Les autres, surtout ceux qui travaillent isolément, soit chez eux, soit chez les particuliers, et les ouvriers de l'agriculture, ne le pourraient jamais. Or, ces derniers, qui sont infiniment plus nombreux, et tout le reste de la nation, souffriraient d'autant moins une telle injustice, qu'en définitive l'argent donné aux premiers par le trésor public serait sorti de leurs poches. « Quoi ! ajoutait M. Thiers, tout ce qu'on a « trouvé pour remplacer les vieux principes de l'ancienne société, « de la société de tous les temps, de tous les pays, la propriété, la « liberté (du travail), l'émulation ou la concurrence ; tout ce qu'on « a trouvé, c'est le communisme, c'est-à-dire la société paresseuse « et esclave ; l'association, c'est-à-dire, l'anarchie dans l'industrie, « et le monopole, la suppression du numéraire, et le droit au « travail ! »

Que de folies et d'ignorance ! Que de bouleversements et de ruines ! L'appauvrissement, l'épuisement du pays en seraient aussitôt les résultats inévitables.

On s'indigne contre l'inégalité de conditions qui existe partout entre les hommes. — Je voudrais bien comme vous que le sort de tous fût heureux. — Indignez-vous donc aussi contre la Providence. Ses éternels décrets ont établi et conservent l'inégalité de taille, de force, de santé, d'intelligence, d'aptitude et de moralité, dont l'inégalité de condition n'est que la suite ou l'effet nécessaire. Mais surtout, pour justifier votre indignation, ne réclamez pas une nouvelle inégalité et un nouveau monopole au profit exclusif de quelques classes d'ouvriers; car c'est véritablement un monopole, et par conséquent une inégalité, que de recevoir gratuitement de l'État des fonds pour créer et faire marcher certains ateliers dont on fait partie, quand les autres ateliers ne jouissent pas du même avantage.

MM. Thiers, Bugeaud, Théodore Fix, Léon Faucher, l'infortuné M. Rossi, et tant d'autres, parmi lesquels je dois citer Simonde de Sismondi (1), ne croient pas que des ouvriers réunis en association puissent exploiter en commun une manufacture pour le compte de tous, ni même qu'il soit possible au maître de celle-ci de les faire participer aux profits qu'elle lui donne. « Cela, a dit avec raison « Sismondi, ne remédierait en rien à l'encombrement ni à la riva- « lité de tous, pour produire toujours plus et à meilleur marché(2). » Dans son opinion, comme dans celle des hommes que je viens de nommer, c'est par l'intérêt individuel, et non par les efforts de tous les intéressés réunis, que doit être dirigée une entreprise industrielle ou mercantile, pour qu'elle prospère.

Nous avons d'ailleurs sur ce sujet les résultats d'une enquête relative à la situation des populations ouvrières, commencée par ordre de l'Assemblée nationale. Voici ces résultats, les seuls que je connaisse, pour les six départements du nord-est de la France, le Haut-Rhin, le Bas-Rhin, les Vosges, la Meurthe, le Doubs et la Haute-Saône. Ce ne sont plus des publicistes ou des économistes qui vont parler, mais des fabricants, des industriels connaissant parfaitement la question, et sachant ce qui est praticable et ce qui ne l'est pas. Leur opinion a d'autant plus de valeur qu'ils ont prouvé, comme nous le verrons plus loin, la bonté des sentiments qu'ils portent à leurs ouvriers, et ne craignent pas d'en soutenir,

---

(1) C'est à ce dernier que l'on doit les premières études consciencieuses sur la question.

(2) Voir *Études sur l'économie politique*, t. II.

à l'occasion, les intérêts contre les leurs propres. Je vais citer leurs
réponses, toutefois en les abrégeant(1) :

« L'association des ouvriers entre eux seuls est certainement
« possible pour certains travaux peu compliqués et de peu de du-
« rée, tels que terrassements, coupes dans les forêts, défriche-
« ments, etc., dans lesquels le prix de la main-d'œuvre est la plus
« grande dépense ;... toujours elle a pu avoir lieu ;... et si elle ne
« s'est pas réalisée plus souvent, c'est que les capitaux, ou l'apport
« d'un fonds à exploiter, l'ont rarement permis. C'est dire que la con-
« fiance dans sa réussite a manqué jusqu'ici ; et l'on peut s'en fier à
« la sagacité du crédit pour appuyer les entreprises qui ont de la
« vitalité, ou pour délaisser celles qui ne présentent point de chan-
« ces de succès. En effet, toute entreprise demande une direction ;
« et, l'entrepreneur manquant, il est douteux qu'il se trouve par-
« mi les travailleurs associés un homme capable de gérer convena-
« blement leurs opérations. Mais si le résultat est douteux pour de
« petites entreprises, que serait-ce pour la grande industrie, pour
« celle surtout qui exige, comme condition indispensable, l'esprit
« inventif d'un chef, les talents commerciaux et le savoir-faire ? En
« pareil cas, il est facile de le prévoir, les industries manufactu-
« rières proprement dites.... exploitées par des ouvriers, marche-
« raient à leur ruine. Jugeons des résultats à venir par ceux que le
« passé nous présente.... eh bien ! les associations, même momen-
« tanées, formées entre de simples salariés...., n'ont jamais réussi...
« Des chefs ont souvent essayé, dans l'espoir d'accélérer les tra-
« vaux ou d'augmenter les produits, d'associer des ouvriers ensem-
« ble ; mais les résultats en ont toujours été mauvais. Pour la répar-

---

(1) Parmi ceux qui les ont faites, on compte pour la seule Alsace, savoir :
MM. Schlumberger et Hofer, de Ribeauvillé ; Schlumberger, de Mulhouse ;
J. Zuber, de Rixheim ; J. J. Bourcart, de Guebwiller ; Kessler, de Soulzmatt ;
Zeller, d'Oberbrück ; Schwartz, de Mulhouse ; X. Jourdain, d'Altkirch ; Stamm,
de Thann ; F. Salzmann, de Ribeauvillé ; H. Witz, de Cernay ; Hirn et Guth, de
Mulhouse ; Gros, Odier, Roman, de Wesserling ; Ed. Trapp, de Mulhouse ; Engel
Dolfus, de Mulhouse.

« tition du gain, il fallait nécessairement adopter des bases de par-
« tage, fondées sur l'activité ou sur l'adresse des associés. C'était
« là une source constante de querelles, de reproches, qui de-
« mandaient à chaque instant l'intervention des chefs. Il a fallu y
« renoncer.

« L'association, même entre deux ou trois ouvriers seulement,
« n'est jamais de longue durée (l'adverbe *jamais* est ici trop absolu).
« Au bout de peu de temps, des discussions s'élèvent entre eux.
« Chacun prétend qu'il travaille plus que les autres, et il s'ensuit
« une prompte dissolution de ces sociétés.

« ..... D'ailleurs, on l'a déjà dit, le crédit, toujours prêt à com-
« manditer les opérations qui peuvent lui rapporter l'intérêt légi-
« time de ses fonds, manque de confiance pour aider les associa-
« tions d'ouvriers entre eux. Leur succès ne serait guère plus assuré,
« si elles étaient secourues par les fonds de l'État : ce qui, du
« reste, peut sembler illégal; car comment favoriser avec jus-
« tice un genre d'association, quand on refuse son concours à
« d'autres?

« Quant à l'association entre ouvriers et patrons,... elle n'appor-
« terait probablement pas un grand soulagement dans la position
« de l'ouvrier..... Depuis longtemps l'industrie ne rapporte guère
« au chef d'établissement que l'intérêt de ses fonds..... Or, comme,
« dans le système de l'association avec le patron, la part du ca-
« pital ou fonds social lui serait toujours réservée de manière à en
« assurer avant tout l'intérêt, que resterait-il à partager entre les
« associés pour le travail, en sus des salaires déjà touchés? Dans
« de récents articles, d'ailleurs fort bien conçus et raisonnés, on a
« fait paraître un plan d'association entre un patron et des ou-
« vriers. L'auteur suppose un atelier de vingt ouvriers et un béné-
« fice annuel de 20,000 francs. Après avoir affecté sur ce béné-
« fice 15,000 francs tant au capital, à titre d'intérêts, qu'au patron
« comme travailleur-directeur, il trouve encore 5,000 francs à dis-
« tribuer aux ouvriers associés; ce qui grossit leur part de salaire
« de 250 francs par an et par individu. Mais, malheureusement,

« l'hypothèse seule a posé ces chiffres. Pour trouver un bénéfice
« de 20,000 francs, il faut supposer aujourd'hui un établissement
« d'au moins deux cent cinquante ouvriers ; et, dès lors, le béné-
« fice supposé de 5,000 francs n'apporte à chacun que 20 francs
« comme supplément de salaire par an.

« L'association de l'ouvrier aux bénéfices du patron n'est donc,
« dans tous les cas, qu'un bien faible avantage à lui procurer, et
« ne peut nullement réaliser cet idéal d'aisance qu'on semble en
« attendre pour lui. Mais nous dirons plus : ce genre d'association
« nous semble soumis à mille obstacles, à mille objections, à mille
« impossibilités. Et d'abord, comment faire participer l'ouvrier
« aux pertes éventuelles? Il le faudrait bien cependant, dans l'inté-
« rêt de l'existence des associations. Car, dans les années heureuses,
« le bénéfice est un fonds que, sous le régime actuel, le chef d'éta-
« blissement met en réserve pour parer aux années où il y a des
« pertes; ce qui n'aurait pas lieu si, chaque année, le bénéfice était
« réparti entre les sociétaires. Mais, en outre, de quelle manière
« s'exercerait le contrôle de l'ouvrier associé sur les opérations et
« la comptabilité de l'entreprise? En cas de perte momentanée (qui
« pourrait être couverte par le bénéfice de l'année suivante), vou-
« drait-on obliger le chef à faire connaître sa position à plusieurs
« centaines d'ouvriers, dont le mécontentement et la méfiance
« s'exhaleraient probablement en plaintes peu propres à soutenir
« le crédit d'un établissement qui, quelle que soit sa position, ne
« saurait à coup sûr s'en passer? Et si ceux-ci, comme devant par-
« ticiper aux bénéfices, réclamaient un droit de *contrôle* dans la
« marche des affaires et dans les inventaires, quel serait le capita-
« liste qui consentirait à faire de l'industrie à cette condition?....

« .... Toutes les associations forcées..... seraient promptement
« anéanties..... Si l'ouvrier ne devait pas participer aux pertes
« (comme aux profits), il n'y aurait pas réciprocité entre lui et le
« patron... Et puis, il est bien difficile que l'ouvrier puisse rester in-
« dissolublement lié à un établissement industriel. Si pendant le
« cours d'une campagne sa conduite devenait mauvaise, s'il refusait

3.

« de produire dans la mesure de ses moyens, comment se défaire
« d'un associé qui penserait avoir des droits au bénéfice réalisé dans
« la portion de l'année déjà écoulée? L'ouvrier lui-même aime trop
« à changer d'atelier, pour vouloir toujours attendre le résultat
« des inventaires annuels. Or, pour établir un bénéfice partageable,
« il faudrait avoir complétement réalisé, ce qui ne saurait avoir
« lieu ni dans le courant de l'année, ni même lors des inventaires;
« car il reste toujours dans l'actif une foule de valeurs incertaines,
« tant en marchandises qu'en crédits accordés aux acheteurs....

« Quand l'industrie prospère, quand le fabricant gagne, il paye
« de meilleurs salaires; voilà une véritable participation de l'ou-
« vrier aux bénéfices du chef. Il en existe une autre dans les primes
« que le patron, alors que la vente va bien, accorde aux ouvriers
« pour la quantité et la qualité de leur production au delà des li-
« mites ordinaires (1). »

Déjà un assez grand nombre de fabricants et d'entrepreneurs
savent, à l'aide du même moyen ou de hautes payes, intéresser
leurs travailleurs les plus habiles à redoubler de soin et d'attention
pour produire mieux et moins chèrement. C'est d'après ces faits
mal appréciés qu'une foule de gens croient à la possibilité d'une
association facile et complète entre les salariés et les maîtres (2).

---

(1) Voyez *Réponses aux questions de l'enquête industrielle ordonnée par l'Assemblée nationale, recueillies et mises en ordre par les soins du comité de l'association formée à Mulhouse pour la défense du travail national, et embrassant le rayon
du nord-est de la France (Haut-Rhin, Bas-Rhin, Vosges, Meurthe, Doubs et Haute-
Saône), juin et juillet* 1848. Grand in-8°, Mulhouse, p. 56 à 62.

(2) Un économiste dont la science regrette la mort prématurée, et qui con-
naissait parfaitement les manufactures et leurs ouvriers, qu'il avait observés à
Zurich et à Mulhouse, Théodore Fix, a décrit les derniers faits de la manière
suivante :

« On a dit aux ouvriers de quelques grandes exploitations : Nous obtenons,
« dans l'état actuel des choses, avec une quantité déterminée de matières
« brutes, à laquelle on applique un nombre fixe de journées de travail,... telle
« quantité de produits manufacturés. Si, sans augmentation du prix de la main-

Cependant il n'y en a point ici, car le maître reste toujours maître, ne rend aucun compte détaillé à ceux auxquels il remet les primes, et en fixe lui-même le montant, conformément à leurs conventions. Je le répète, il n'y a là que des gratifications données et reçues, qui s'ajoutent aux gains ordinaires de l'ouvrier, en même temps que sont augmentés les profits du maître. De cette manière, la part de chacun s'accroît par la diminution des frais de production. C'est pour tous deux un excellent calcul et un marché fondé sur une rigoureuse justice; car l'économie qui en résulte ne s'obtiendrait jamais par l'un sans le secours de l'autre.

Il n'y a là aucune association; il n'en existe, il n'en peut exister, en conservant au mot son véritable sens, que quand les droits et les obligations étant les mêmes pour tous, tous participent aux pertes comme aux gains. Mais alors il n'y a plus de salaire fixe indépendant du résultat final de l'entreprise; et la rémunération des travailleurs, soumise pour tous aux mêmes chances, sera pour tous à la fois forte ou faible, ou même nulle en cas de perte.

« d'œuvre, et avec la même masse de matières brutes, vous pouvez obtenir une
« quantité supérieure de marchandises manufacturées, les bénéfices que donnera
« cet excédant seront divisés, dans une proportion déterminée, entre le maître et
« les ouvriers. Ou encore : Il nous faut pour notre fabrication annuelle
« 10,000 quintaux métriques de combustible minéral. Si, sans réduire cette
« fabrication, les ouvriers chargés du feu peuvent économiser un dixième de ce
« combustible, le bénéfice de l'économie sera partagé par égales portions entre
« l'entrepreneur et ces ouvriers. Ailleurs on a dit : Le déchet des matières
« premières transformées en produits manufacturés est de 15 pour 100. Si les
« ouvriers peuvent réduire, par une plus grande attention, ce déchet à 10 pour 100,
« ils participeront aux avantages de l'économie.

« ... C'est ainsi que les entrepreneurs sont parvenus à introduire de notables
« économies dans leur fabrication, en stimulant l'ouvrier par l'appât d'une prime;
« car il faut trancher le mot, ce procédé ne constitue pas une association, mais
« uniquement une prime décernée à l'ordre, à l'intelligence et à l'esprit d'é-
« conomie de l'ouvrier..... Les mêmes combinaisons, appliquées à une foule
« d'ateliers et d'usines, ont donné d'excellents résultats. » (Voir *Observations sur
l'état des classes ouvrières, p. 349 à 351.)

Des ouvriers, qui ont besoin chaque jour de leur salaire pour vivre, ne peuvent s'exposer à de telles éventualités. Ce n'est point ainsi d'ailleurs que l'entendent ceux qui réclament leur association aux maîtres; ce qu'ils veulent, c'est que, sans renoncer au salaire fixe, sans apporter à l'entreprise le moindre capital, leurs gains s'accroissent aux dépens des entrepreneurs, qui partageraient avec eux les bénéfices, mais supporteraient seuls les pertes.

On peut organiser sur le papier, d'après ces bases, autant d'associations qu'on voudra; mais elles ne trouveront pas de capitalistes, elles ne pourront pas marcher. Admettons néanmoins que, par impossible, elles en trouvent; le sort des ouvriers en sera-t-il meilleur? Je puis me tromper, mais ma conviction est que la concurrence s'établirait entre les diverses associations d'un même métier; que le prix de la journée, y compris la part de bénéfice résultant de l'association, serait ramené au taux du salaire, et que le travailleur enfin n'y gagnerait rien. Ce ne sont, au surplus, ni le hasard ni l'arbitraire qui règlent sa rémunération, mais des circonstances très-variées et des lois fort complexes. Chacun s'efforce bien d'enfreindre celles-ci, et de faire tourner celles-là à son profit particulier; néanmoins, par la multiplicité des transactions, qui se compensent mutuellement, le cours général du marché n'est que l'expression de leur moyenne.

Les ouvriers ne s'associent pas seulement pour être intéressés aux bénéfices que fait le fabricant sous les ordres duquel ils travaillent; c'est aussi, de la part de beaucoup, bien qu'ils ne s'en rendent pas compte, pour n'être plus subordonnés. Tous ne comprennent pas qu'il n'y a que deux classes possibles d'hommes dans l'industrie, les chefs et les salariés; et que, quoi qu'ils fassent, qu'ils soient ou non associés, ils auront toujours des chefs, ou, comme on les appelle aujourd'hui, des patrons; qu'il en faut, non-seulement pour répartir et diriger le travail, mais encore pour payer leurs salaires, pour avancer tous les autres frais que nécessite la production, enfin pour servir d'intermédiaires entre ceux qui l'exécutent et ceux qui la commandent. S'agit-il de fournitures un peu considérables ou de certains ouvrages. Supposons, pour me faire mieux comprendre, que je veuille faire bâtir une maison. L'architecte que j'en ai chargé m'en répond pendant dix ans. Si, dans ce laps de temps après la construction, elle tombe ou menace ruine, il doit la relever, la consolider à ses propres frais. Sa réputation d'habileté, son établissement industriel, ses autres propriétés, sa position dans le monde, et son droit de recours sur les entrepreneurs de la maçonnerie, de la charpente, etc., sont autant de garanties qui m'ont déterminé à le choisir, et que ne m'offrirait jamais une association d'ouvriers dont les membres n'ont aucune propriété, ni même souvent de domicile fixe.

L'impossibilité de supprimer les chefs est évidente. C'est de même dans les associations purement ouvrières ; il faudra toujours qu'elles aient des chefs. S'il en était autrement, s'il n'y avait point unité de direction, de pouvoir, de volonté ; si tous les associés avaient la même autorité; s'il n'y avait parmi eux ni discipline ni hiérarchie, ils s'entendraient d'autant moins qu'ils seraient plus nombreux, et l'entreprise ne pourrait pas marcher.

Or, ces chefs que les ouvriers choisiront eux-mêmes, quels seront-ils? Les plus capables d'entre eux (du moins je le crois), et jamais ceux qui déclament sur la place publique, ou dans les cabarets, contre la liberté du travail, et contre les hommes de labeur et de sagesse qui ne sont pas en proie à une misère due trop souvent aux désordres de ceux-là même qui s'en plaignent. On peut, à cet égard, s'en fier à eux. Mais il est bien à craindre que les élus, profitant de leur position et de leurs rapports comme gérants avec la clientèle, ne deviennent à leur tour des maîtres ou entrepreneurs, qui se substitueront à l'association primitive. Ils ne tarderont certainement pas à en concevoir la pensée, surtout si on ne leur accorde ni assez d'autorité ni assez d'appointements; car telle est la pente naturelle à l'esprit humain : nous convoitons toujours une meilleure position, et celui qui en a une bonne peut mieux que tout autre l'obtenir. La division en maîtres et salariés, ou en patrons et simples travailleurs, se reproduirait donc encore, comme nous la voyons partout.

Il résulte, de tout ce qui précède, que l'*association proprement dite* des salariés avec les maîtres n'est point praticable, et que celle des ouvriers entre eux seuls ne peut non plus réussir, telle du moins que tant de gens (je prie de faire attention à ces mots) la conçoivent ou la rêvent. Cependant, on a parlé de plusieurs associations comme entrant en pleine voie de prospérité; mais bientôt après est arrivée leur décadence, elles ont succombé, et il n'en est plus question.

Quelques personnes pensent néanmoins qu'elles s'établiront un jour partout, et généraliseront le bien-être. Elles ne savent pas que pour cela il faudrait un choix d'hommes et des conditions que ne peuvent jamais présenter les masses.

Au surplus, les ouvriers qui réclament avec le plus d'ardeur et de bruit l'association, sont justement ceux qui pourraient le moins la faire réussir. Attirés par des promesses séduisantes, ils pourront s'y engager en grand nombre, admettons-le; mais viendra le jour du désappointement, et d'autant plus vite qu'ils seront rarement (je viens de le dire) les plus actifs, les plus patients, les plus laborieux.

Pour proposer l'association un peu en grand des ouvriers, il faut ne pas savoir que ceux qui ont amassé un ou deux milliers de francs, et même bien moins, n'ont communément besoin de personne pour se tirer d'affaire; que, confiants dans leur ordre, leur économie, leur conduite, et défiants des autres, ils ne voudraient admettre avec eux des gens sans capital, ou débauchés et mauvais travailleurs, qu'aux conditions qui règlent les rapports de maîtres à ouvriers. Rappelons-nous le sort des établissements dirigés avec tant d'habileté, de sollicitude, par Robert Owen, et celui de plusieurs colonies fondées au prix de sommes immenses par le grand Frédéric dans ses États. Ces deux exemples suffiront.

Sous la direction de leur bienfaisant fondateur, et dès les premier jours, les établissements de New-Lanark et de New-Harmony parurent être des modèles, sinon d'une association complète, du moins d'une communauté industrielle composée de familles pauvres suffisant par leur travail à leur subsistance, à l'éducation de leurs enfants et au bien-être de la vie. On croyait que des réunions semblables pouvaient être facilement réalisées, et toutefois celles-ci même n'ont pu durer : des dissensions intestines, des querelles d'intérêt personnel, les ont dissoutes.

L'histoire des colonies du grand Frédéric, qui n'étaient pas des sociétés industrielles entre ouvriers, fera comprendre mieux encore l'impossibilité de réussir dans une association comme celle que l'on propose. Quelques mots suffiront pour le démontrer.

Les deux premiers monarques de Prusse avaient profité de toutes les occasions favorables de peupler leur pays, et la fameuse révocation de l'édit de Nantes les seconda, en obligeant une foule de Français protestants à s'expatrier. Frédéric II, voulant imiter ses prédécesseurs, créa de nouvelles colonies. Malheureusement ce ne fut point avec des hommes industrieux, pleins d'activité et d'honneur, expulsés de leur patrie uniquement pour cause de religion ; ce fut avec un ramassis de gens qui, n'ayant pas de quoi vivre chez eux, croyaient que, sans grand travail, ils trouveraient l'abondance ailleurs. Rien ne fut épargné par le roi pour l'établissement de ces familles étrangères : maisons construites à neuf, grains, bestiaux, meubles, etc., leur furent donnés avec générosité, avec magnificence. Mais beaucoup de ces colonies, qui coûtèrent des sommes immenses, réussirent fort mal (1).

Ce que nous voyons ici arrive toujours. Les colonies, les communautés, les associations travaillantes prospèrent avec des hommes rangés, économes, actifs, intelligents, moraux, mais se ruinent au contraire ou s'anéantissent quand elles sont composées sans choix des rebuts, pour ainsi dire, de la société. L'association de ces derniers avec les premiers ne ferait qu'entraîner la ruine de tous.

____

(1) Voir *De la Monarchie prussienne sous Frédéric le Grand*, par le comte de Mirabeau, t. 1, p. 138 et 139.

Les ouvriers d'ailleurs ne sauraient se soumettre, pour la plupart, aux obligations mutuelles que l'association exige. Ils n'ont généralement, pour cela, ni assez de discernement, ni assez d'ordre, ni assez de constance ; ou bien ils sont trop pauvres, trop misérables, pour attendre leur part des bénéfices qui pourraient être réalisés. De là l'impossibilité pour eux de supporter les pertes de l'association, et la nécessité de demander le prix de leur travail à des intervalles très-courts. Comme ils ne peuvent faire d'avances à l'entreprise, celle-ci, qui les paye chaque jour ou chaque semaine, ne leur doit aucune part dans les profits, et ne leur en donne aucune (1).

Les associations formées entre les seuls ouvriers ne peuvent donc réussir, quand on y admet indistinctement tous ceux qui se présentent pour en faire partie. Mais on voit tous les jours, dans les pays industriels, quelques hommes actifs, intelligents et de bonne conduite, quelques-uns seulement, ayant confiance les uns dans les autres et possédant déjà un petit capital, mettre celui-ci en commun, pour ouvrir des ateliers où ils travaillent d'abord comme ouvriers avec leurs familles, et dans lesquels, la fortune les secondant, ils finissent par appeler des aides qui sont admis aux mêmes conditions que dans les autres manufactures.

Enfin, tout nous montre que, hors de ces conditions, il serait bien difficile, même impossible, à des associations exclusivement ouvrières, je ne dis pas seulement de réussir, mais aussi de se réaliser, excepté pour certains travaux à la tâche qui, du genre de ceux qu'indique l'enquête citée plus haut, n'exigent aucun

---

(1) Il ne peut en être ici comme dans le colonage, où le travail et le capital, c'est-à-dire le métayer et le propriétaire, véritablement associés, supportent les mêmes pertes, et se partagent les fruits que donne le sol cultivé par le premier. Le travail dans le colonage n'a donc point de privilége, tandis qu'il en a un dans l'industrie, puisqu'il n'est point exposé à des pertes. Voilà encore pourquoi il n'y a pas droit aux profits. Le Code civil accorde d'ailleurs un privilége aux travailleurs d'atelier pour leurs salaires (art. 1780 et 2101).

apprentissage. Ces travaux pourraient encore être adjugés à des sociétés d'ouvriers réunis dans l'unique but de les exécuter. L'Assemblée nationale paraît d'ailleurs avoir adopté cette manière de voir, en discutant un projet de décret pour appeler ces sociétés à se rendre adjudicataires de certains travaux publics ; et c'est aussi ce que comprennent très-bien beaucoup d'ouvriers.

CHAPITRE V.

Associations ouvrières actuelles, qui existaient avant l'année 1848.

Sans doute les hommes qui voudraient faire entrer tous les ouvriers dans des associations industrielles, regarderont les faits et les considérations allégués jusqu'ici par moi comme n'infirmant point leurs théories. Examinons donc les associations ou prétendues associations qu'ils citent. Je les divise en deux grandes classes : celles qui existaient avant 1848, et celles qui se sont formées depuis.

L'idée de faire participer les salariés aux profits des maîtres n'est pas nouvelle, et paraît avoir été réalisée déjà, autant qu'elle peut l'être, par plusieurs entrepreneurs ou chefs d'industrie. Elle l'est surtout dans cette capitale par M. Leclaire, entrepreneur de peinture en bâtiments, qui récompense ainsi les ouvriers qu'il emploie depuis un certain temps, et dont il a pu apprécier la capacité, la bonne conduite et l'assiduité au travail.

Il a compris qu'il était bon, surtout pour les chefs de grandes entreprises, d'organiser leurs ateliers de façon à réunir leurs propres intérêts à ceux des ouvriers, afin de s'attacher ceux-ci ; et, dans ce but, il offre la perspective de primes, ou d'un accroissement de salaire, à tous ceux qui remplissent les conditions dont il vient d'être parlé. Ce n'est pas d'ailleurs, M. Leclaire le déclare expressément, une *association* qu'il forme avec eux ; *il s'agit tout simplement*, ajoute-t-il, *de distribuer à un certain nombre de ses employés, qui sauront mériter cet avantage, une part des bénéfices.* Il reste le maître unique et absolu de son établissement, prend et renvoie les ouvriers à sa volonté, choisit ceux auxquels il accorde des primes, fait ou règle tous les marchés, fixe les appointements et les salaires de chacun ; en un mot, il traite seul toutes les affaires, et comme il lui convient.

Chaque année, avant de partager les bénéfices, il prélève :

1° Toutes les dépenses de l'entreprise, tous les frais et pertes, y compris la patente, les autres impôts, et les loyers ;

2° Les intérêts de tous les capitaux engagés et des salaires eux-mêmes, c'est-à-dire du fonds entier, tant fixe que de roulement ; le tout à raison de 5 p. cent ;

3° Enfin, 6,000 fr. qu'il s'alloue pour son traitement comme directeur, et, en outre, 1,000 fr. pour son logement personnel.

Lors du partage, M. Leclaire fait connaître le chiffre total des profits, mais sans donner aucun détail et sans qu'on puisse lui en demander. La répartition s'en fait pour tous, y compris le directeur, au prorata des appointements ou salaires gagnés par chacun dans le cours de l'année (1).

On a beaucoup parlé, comme d'une véritable association, de cet arrangement qui élève la position des meilleurs ouvriers. Il résulte cependant, des détails que je viens de donner, qu'il n'en est rien, puisque le salaire de la grande majorité des ouvriers de M. Leclaire n'en est pas accru d'un centime. Il ne faut pas croire non plus que l'on puisse adopter la même mesure dans toutes les entreprises industrielles. Le principe en est excellent ; mais il n'est applicable que dans certaines conditions, qu'on ne saurait toujours réunir.

---

(1) Voir *Des Améliorations qu'il serait possible d'apporter dans le sort des ouvriers peintres en bâtiments, suivies, etc.*, par M. Leclaire. Brochure de 61 pages, publiée en 1843. Voir encore les curieux renseignements publiés sur l'établissement industriel de M. Leclaire, par notre confrère M. Droz, dans la seconde édition de son *Économie politique*, p. 247 à 251.

Cependant on insiste, et l'on assure que plusieurs associations entre ouvriers auraient été tentées à Paris avant 1848 (1).

La seule qui me semble avoir été fondée dans une pensée à la fois pratique et complétement généreuse, l'a été entre des bijoutiers. C'est certainement à cette société de commerce, car c'en est une, qu'un journal mensuel rédigé par des ouvriers, *l'Atelier*, fait allusion dans plusieurs articles (2), où il parle d'une association ouvrière qu'il offre pour modèle à ses lecteurs.

Dans ces articles, où l'on approuve l'inégalité du salaire, la libre concurrence et le travail isolé comme le travail en commun, on établit que les associations d'ouvriers offrent le meilleur moyen d'améliorer le sort du plus grand nombre possible d'entre eux ; qu'il faudrait y admettre tous les travailleurs *qu'elles peuvent s'adjoindre*, et cela sans leur demander autre chose que l'honnêteté et la capacité (3) ; mais qu'aucune association ne peut exister qu'à la condition d'une estime, d'une amitié réciproques, d'un accord parfait, et d'une certaine conformité de sentiments, de volontés, surtout dans les *tendances morales* de ceux qui la composent.

---

(1) On cite souvent celle qui fut établie, il y a environ quinze ans, entre des compositeurs et des pressiers d'imprimerie qui, se servant du brevet d'un imprimeur de cette capitale, M. Lacrampe, sous le nom duquel l'établissement est connu, appelèrent bientôt dans leurs ateliers des travailleurs comme simples salariés, aux mêmes conditions que chez les autres imprimeurs ; mais ces travailleurs, leurs anciens confrères, ne purent s'entendre longtemps avec ceux qui étaient devenus leurs patrons, en sorte que ceux-ci, pour ne pas voir leurs travaux suspendus, durent faire venir des ouvriers des pays étrangers. Nous n'avons pas à nous occuper ici de cette association d'ouvriers, devenue, en se créant, une association de maîtres, si ce n'est pour dire qu'elle méritait un meilleur sort. Cependant ni les travaux ni le crédit ne lui avaient manqué ; elle avait obtenu la sympathie générale, de manière qu'en peu de temps cette imprimerie avait acquis une grande importance. Une autre association composée de dix compositeurs d'imprimerie, non moins probes, non moins courageux que les dix-neuf membres de l'association *Lacrampe*, n'a pas obtenu un meilleur succès.

(2) Publiés en 1847 et 1848.

(3) Cahiers de janvier et mai 1848.

Il est aisé, selon les auteurs des articles dont il s'agit, de dire : *Organisation, solidarité générale.* Mais, ajoutent-ils, essayez donc de maintenir constamment unis dans une même opinion et en bonne intelligence seulement dix hommes ; essayez de les plier à une organisation qui les rende solidaires ; puis, quand vous aurez vu la persistance, la ténacité qu'il faut avoir, quand vous connaîtrez les immenses difficultés de cette tâche, vous nous direz si vous croyez encore à la possibilité d'envelopper dans une même organisation et de rendre sérieusement solidaires, comme on le propose, des milliers et des centaines de milliers d'individus (1) !

Ces écrivains voudraient que la condition générale de l'industrie fût l'association des ouvriers de chaque corps d'état, non tous ensemble, mais en groupes distincts, complétement séparés d'intérêts. Chacun de ces groupes élirait un gérant chargé du soin de ses affaires, et partagerait tous les ans les bénéfices entre ses membres proportionnellement aux salaires gagnés par eux. Un capital inaliénable, impartageable, une durée illimitée et l'admission successive de nouveaux sociétaires, telles sont encore les bases regardées par eux comme les plus utiles à ces associations, et comme pouvant conduire ceux qui en font partie à remplacer assez rapidement les patrons, sans spolier personne (2).

Au surplus, tous ces vœux, toutes ces opinions sont les principes et la règle de l'association de nos bijoutiers. Formée en 1834, elle a constamment prospéré. Composée d'abord de deux membres seulement, l'un et l'autre animés d'un véritable esprit de charité, elle en compte onze aujourd'hui, après en avoir eu treize. Tous ont les mêmes droits, sans pour cela cesser d'être soumis aux chefs élus par eux. Enfin, les nouveaux associés sont de simples ouvriers qui ont travaillé au moins pendant six mois dans les ateliers de la société, que les anciens connaissent bien, et choisissent pour leurs sentiments honnêtes, leur activité, leur habileté, leur bonne con-

---

(1) Cahier d'août 1848.
(2) Cahier de février 1848.

duite, et après avoir éprouvé leur caractère, et s'être assurés qu'ils ont la même croyance religieuse qu'eux-mêmes, celle du catholicisme, et pas une autre. Ils en reçoivent même qui, n'ayant pas encore la moindre épargne, ne peuvent augmenter d'un sou le fonds social.

La compagnie du chemin de fer de Paris à Orléans a voulu, elle aussi, faire participer à ses bénéfices nets, depuis 1844, tous ses employés qui reçoivent un traitement annuel. Son but était de récompenser leurs efforts, de stimuler leur zèle, de les intéresser au succès de l'entreprise, et de se créer ainsi des garanties de bonne gestion pour augmenter les recettes et diminuer les dépenses. Néanmoins, si mes renseignements sont exacts, et je dois les croire tels, la mesure n'a pas produit chez les employés, naturellement insouciants et paresseux, toute l'émulation et toute l'activité qu'on en attendait. Mais ce n'est pas là une association, quoi qu'en aient dit plusieurs journaux. La compagnie n'a pas entendu accorder autre chose (ses rapports annuels en témoignent) que des gratifications, qui, pour la plupart, varient selon le mérite et les services de chacun, dont elle seule ou son conseil d'administration reste juge (1).

Ainsi, des trois exemples cités, le second offre seul une association réelle. C'est une société d'anciens ouvriers devenus fabricants, qui appellent généreusement parmi eux, au partage de

---

(1) La somme à répartir chaque année entre tous les ayants droit est de 15 pour 100 dans les produits nets, lorsqu'ils sont supérieurs à 8 pour 100 du fonds social. On divise cette somme en trois parts inégales : une pour les employés de la première classe, une pour ceux de la seconde classe, et l'autre pour ceux de la troisième. La fraction qui revient à chaque agent des deux premières catégories est fixée invariablement d'après son traitement. Après le prélèvement opéré en leur faveur, le surplus de la somme partageable appartient aux employés de la troisième classe, qui est la plus nombreuse. Une moitié de cet excédant est distribuée, à titre de *répartition proportionnelle*, entre tous les employés de cette catégorie, au prorata du traitement, et placée, pour chacun d'eux et sous son nom, à la caisse d'épargne ou en rentes sur l'État, dont les titres lui sont remis à sa sortie ; l'autre moitié enfin est répartie, à titre de *gratification extraordinaire*, non entre tous les employés de la classe, mais entre ceux qui se sont distingués dans leur service.

leurs bénéfices nets, comme le feraient tout au plus de véritables frères, ceux de leurs camarades qui leur inspirent toute confiance. Cela paraît d'abord réaliser le commencement d'une association telle que la demandent, et ceux qui ont la simplicité de croire qu'elle les élèverait à la condition de chefs d'industrie, et ceux qui veulent exploiter cette crédulité au profit de leur ambition, ou bien encore ceux qui, dans l'ignorance des choses et des hommes, n'écoutent que leur cœur. Mais réfléchissons un peu sur cet exemple; voyons la sagacité, qui aperçoit le but et sait y toucher; la prudence, qui ne laisse rien au hasard dans le choix d'un nouveau sociétaire; le dévouement, qui sacrifie une partie de ses propres avantages au bien des autres, et nous serons convaincus qu'une pareille association ne peut avoir beaucoup de membres, ni se rencontrer fréquemment. Son but, sa composition, tout, en un mot, en fait une exception (1). On doit croire, au surplus, que partout un même choix d'hommes, guidés par la même sagesse, obtiendrait le même résultat.

Toutes les associations d'ouvriers, en se constituant, deviennent des associations de maîtres; semblables en cela à notre société de bijoutiers et à tant d'autres que j'ai vues se former dans des industries bien différentes, par la réunion de quelques travailleurs d'élite qui, eux aussi, se connaissaient bien, s'appréciaient mutuellement, et avaient fait des épargnes. Cela s'observe assez souvent; mais j'ai vu aussi des associations plus rares, que les conseils de riches fabricants avaient fait naître, et auxquelles ils n'avaient pas craint d'offrir et de prêter des fonds. Ma mémoire me rappelle un de ces hommes honorables, M. Dupont-Bacqueville, d'Amiens. Je

---

(1) C'est ici le lieu de dire que les principes qui servent de lien entre ses membres, et jusqu'à un certain point le plan de leur association, avaient déjà été développés chez nous dès l'année 1832, dans une revue hebdomadaire consacrée aux sciences morales et politiques et intitulée *l'Européen*. Les intentions toujours pures des rédacteurs s'y montrent à chaque page, mais la morale et l'économie politique y sont traitées d'un point de vue souvent idéal.

lui demande pardon; mais il faut bien répondre par des noms à ces déclamateurs qui présentent tous les chefs d'industrie comme des gens sans entrailles, et prouver par des faits que ces chefs valent mieux qu'on ne le dit. C'est en 1837 que j'ai vu l'association dont il s'agit. M. Dupont-Bacqueville l'avait formée de quatre ou cinq de ses propres ouvriers (1), et n'en pouvait espérer le remboursement de sa créance qu'autant que cette société ferait de bonnes affaires. Cette considération ne l'avait point arrêté, et il ne mit d'autre condition particulière à son prêt que celle de ne pas confectionner certains articles.

Je pourrais encore reproduire ici un grand nombre de faits publiés par moi il y a neuf ans (2), et qui attestent les efforts, les sacrifices de beaucoup de riches industriels pour soulager la misère de leurs ouvriers et pour en améliorer les mœurs. N'est-ce pas, en outre, la

---

(1) Ce sont eux-mêmes qui me l'ont dit.

(2) Voir *Tableau de l'état physique et moral des ouvriers employés dans les manufactures de coton, de laine et de soie;* voir surtout le t. Ier, p. 56-61. On remarquera dans cet ouvrage comment les chefs d'industrie encouragent, parmi les ouvriers, la fondation des caisses de secours contre les maladies, comment ils les amènent à faire des dépôts à la caisse publique d'épargne; comment les fabricants de Sedan ont pu réprimer l'ivrognerie. J'y ai montré, pareillement, et les soins généreux que des maîtres de manufactures font donner à leurs propres frais, et par leurs propres médecins, à leurs ouvriers malades, même aux familles de ces ouvriers; et les écoles établies depuis longtemps aux frais des maîtres, pour les enfants de leurs ateliers, ainsi que pour ceux du voisinage; et les logements confortables que d'autres ont fait bâtir pour leurs ouvriers, auxquels ils les cèdent à moitié ou même à moins de la moitié du loyer payé dans les maisons voisines; et le petit jardin que l'on y ajoute parfois, sans augmentation de prix, mais à la condition, pour habituer l'ouvrier à y passer le temps qu'il donnerait au cabaret, qu'il cultive lui-même ce jardin, etc., etc. Le logement et le jardin en question s'accordent peut-être plus souvent chez nous aux ouvriers mineurs des houillères qu'à toutes les autres classes. Je n'avais encore vu, dans l'industrie manufacturière, il y a treize ou quatorze ans, que M. André Kœchlin, de Mulhouse, qui, en France, donnât gratuitement un jardin aux ouvriers logés par lui; mais je sais qu'il n'était pas seul alors à le faire, et que depuis il a eu des imitateurs, etc.

5

Société industrielle de Mulhouse, cette société si utile, composée des fabricants de l'Alsace, qui, dès l'année 1827, a signalé le dépérissement rapide des enfants employés dans nos manufactures de coton, et a demandé, la première en France, par un élan admirable d'humanité, car il allait directement contre les intérêts de ses membres, une loi qui remédiât à ce mal, en limitant la durée beaucoup trop longue du travail des enfants?

Toutes les autres associations fondées avant 1848, et dont j'ai pu avoir connaissance, ressemblent à l'une ou à l'autre de celles que je viens de décrire, excepté à la deuxième. Celle-ci est unique dans sa catégorie; car elle s'est formée bien moins dans l'intérêt de ses membres que dans celui des ouvriers qui le deviendront un jour.

Considérons actuellement les associations que la révolution de février a fait naître.

CHAPITRE VI.

Associations ouvrières formées depuis la révolution de 1848.

Qui ne sait qu'elles se sont singulièrement multipliées? On le conçoit : on ne les avait jamais tant vantées. Les ouvriers crurent, sur parole, qu'ils n'avaient qu'à s'associer entre eux pour se soustraire au pouvoir des entrepreneurs d'ouvrage, les rendre inutiles, s'en partager les profits, et améliorer ainsi leur propre sort. On leur disait qu'il n'y avait de salut pour eux que dans l'association, et ils ont voulu en faire leur levier d'Archimède; sans s'apercevoir que ce levier manque de point d'appui, du moins comme ils prétendaient l'employer.

Je ne suis pas de ceux qui nient, d'une manière absolue, l'utilité de l'association des travailleurs pour eux-mêmes, et par conséquent pour la société : ce que je nie, c'est que l'association, telle que tant de gens veulent la mettre en pratique, soit utile, ou puisse l'être.

On a beau affirmer que la misère des ouvriers serait facilement prévenue, s'ils se réunissaient pour fabriquer et vendre les produits de leurs fabriques ou entreprises communes ; qu'ils pourraient soutenir d'autant mieux la concurrence des riches fabricants ou capitalistes, que, sans sortir des habitudes de simples travailleurs, dont ils toucheraient le salaire, ils recevraient, en outre, leur quote-part des bénéfices du fabricant ou patron ; que de cette manière il n'y aurait plus ni maîtres, ni salariés, ni chefs, ni subordonnés, mais des associés, des coïntéressés, des frères de travail que l'indigence n'atteindrait jamais, et qu'en se généralisant, ces associations généraliseraient le bien-être. On a beau, dis-je, répéter ces magnifiques promesses ; les hommes qui les font devraient bien avant tout déterminer les conditions sans lesquelles il n'y a, pour les associations ouvrières, ni succès ni durée. Là, uniquement là, est le point d'appui du levier de l'association. Or, cela n'a pas encore été fait : on n'a, à cet égard, que des hypothèses, des assertions que le moindre examen réduit à néant ; mais des preuves, aucune. Et, jusqu'à ce qu'on en ait, l'utilité des associations, je veux dire de celles que l'on a tant prônées et pour lesquelles on se passionne si vivement, reste fort problématique.

De tout ce qui précède, il ne faudrait pourtant pas conclure (je l'ai déjà fait assez entendre) que tout est bien avec l'organisation actuelle du travail. Je dis à dessein l'organisation du travail, à cause de ceux qui nient qu'il en existe une ; car, dans toute société, le travail est nécessairement organisé par la seule force des choses, comme l'état de cette société le comporte ; ici d'une manière, là d'une autre.

Mais si tout n'est point parfait chez nous sous ce rapport, néanmoins la condition des masses y est infiniment meilleure, depuis notre révolution de 1789 (1), qu'elle ne l'était auparavant, et surtout

(1) Les classes ouvrières doivent véritablement leur émancipation à la révolution de 1789. Mais, comme quelque mal se trouve toujours à côté du bien, les résultats principaux de l'impulsion qu'en a reçue l'industrie sont surtout l'intro-

qu'elle ne le serait par les changements que proposent les réformateurs actuels, c'est-à-dire par l'organisation du travail telle qu'ils la veulent. Ce que demandent ceux-ci, c'est, pour les principales industries urbaines et manufacturières, l'association des ouvriers commanditée aux frais de l'État, ou même *le droit au travail* avec *un salaire suffisant*, qui serait toujours garanti aux ouvriers, n'importe la position de la société, qu'elle puisse ou ne puisse pas donner du travail.

Personne n'ignore qu'une promesse aussi radicalement inexécutable a inauguré l'avénement de la République, mais que l'Assemblée nationale, beaucoup plus sage que le Gouvernement provisoire, n'a pas ratifié cette promesse. Toutefois, voulant améliorer la condition de l'ouvrier dans la mesure du possible, ou tenter au moins une expérience, et donner satisfaction à une opinion fortement prononcée, l'Assemblée a voté (le 5 juillet 1848) une somme de trois millions, non pour prêter des fonds à titre de secours aux industries en souffrance, mais pour fonder et encourager les associations de travailleurs, soit entre eux seuls, soit entre eux et les patrons. Elle a encore ordonné, par le même décret, la création d'un *conseil*, chargé de distribuer ces trois millions aux *sociétés libres et volontaires* d'ouvriers constituées de manière à placer leurs membres dans une position supérieure à celle de simples salariés.

Ce conseil a sagement décidé de n'accorder le concours de l'État qu'aux associations industrielles entre ouvriers seuls ou entre ou-

---

duction, dans celle-ci, de nouvelles machines non moins coûteuses que puissantes, et la tendance des capitaux, principalement des gros capitaux, à se réunir pour s'accroître encore dans des associations démesurément riches, contre lesquelles les petits capitalistes, les capitalistes isolés (ne pouvant se procurer ces machines), ne sauraient lutter, obligés qu'ils sont de supporter des frais généraux proportionnellement plus élevés que s'ils les possédaient, et de faire leurs achats de matières premières moins en gros, par conséquent à de moins bonnes conditions ; en un mot, de fabriquer plus chèrement. Ces deux faits si importants me semblent avoir été admirablement exposés par M. Rossi.

vriers et patrons qui, *présentant des garanties sérieuses de succès et de durée*, auraient pour objet l'exploitation d'une profession ou d'une entreprise déterminée.

On pense bien que les demandes de sociétés qui se trouvent ou prétendent être dans ces conditions, ont été nombreuses; qu'il s'est formé des sociétés nouvelles entre les maîtres et les ouvriers de plusieurs établissements arrêtés dans leurs travaux par la crise actuelle, afin d'obtenir le prêt d'une fraction des trois millions votés; et que beaucoup d'hommes qui ne croyaient pas à l'utilité, même à la possibilité de l'association ouvrière, réclament aujourd'hui une part de l'allocation(1).

On comprend, au surplus, que cet appui de l'État rende les associations d'ouvriers faciles pour une partie d'entre eux, et leur donne l'espérance, souvent même le moyen, de s'élever au-dessus du rang de simples salariés.

On comprend encore que les associations ouvrières si nombreuses qu'a fait naître tout à coup la révolution de février, quand les pavés de ses barricades n'étaient pas encore tous replacés, ont dû se ressentir des désordres de l'époque, et qu'elles ont existé de fait pendant quelque temps, sans se constituer régulièrement et définitivement. Aussi se sont-elles anéanties ou réformées pour la plupart.

Parmi les associations dont les journaux du temps ont le plus

---

(1) Ce serait à ce point, si je dois en croire certaines confidences, que des maîtres de manufactures ont essayé d'en détourner une partie à leur profit exclusif, en présentant, à l'appui de leurs demandes, des statuts où figurent comme ouvriers de leur industrie, avec quelques contre-maîtres qui, souvent même, étaient déjà leurs coïntéressés, des hommes qui n'avaient signé que par complaisance. Mais il est juste d'ajouter que la commission chargée d'examiner les demandes ne les admet qu'après avoir pris ses renseignements avec beaucoup de soin et de sévérité. Deux chiffres le prouveront : le nombre des demandes adressées au ministre du commerce jusqu'au 8 janvier était de cinq cent onze, et le 12 décembre la commission n'avait encore accordé le secours de l'État qu'à trente-deux associations.

parlé (car c'est toujours la presse ou la notoriété qui me détermine dans le choix des exemples), je citerai les deux suivantes :

La première est l'association formée, dès le commencement du mois de mars, entre les ouvriers employés dans les ateliers de mécanique de MM. Ch. Derosne et Cail (quai de Billy, n° 38). Elle prenait *à l'entreprise*, pour un prix convenu d'avance, les parties de travaux que lui commandaient ces deux fabricants ; puis elle distribuait les tâches et partageait le total des salaires comme il lui convenait, sans que MM. Cail et Derosne, dans les ateliers et avec l'outillage, la houille et la fonte ou le fer desquels les travaux s'exécutaient, pussent s'en mêler en quoi que ce fût. Mais, immédiatement après les journées de juin, ces ouvriers, qui n'avaient pas réalisé les gains qu'ils s'étaient promis d'abord, sont revenus d'eux-mêmes aux anciens usages de l'établissement, et aujourd'hui, assure-t-on, ils ne voudraient pas recommencer.

La seconde est l'association des tailleurs, établie rue de Clichy, dans l'ancienne prison pour dettes. Celle-ci existe encore à peu près comme M. Louis Blanc l'avait organisée ; et, de toutes celles créées à la même époque, et par conséquent d'après les mêmes principes, c'est presque la seule que je sache avoir duré jusqu'ici sans bien grandes modifications dans sa constitution primitive. Fidèle à son origine et à son titre d'*Association fraternelle et égalitaire*, elle affirme qu'elle répartit également les bénéfices et les pertes entre tous les associés. La durée du travail est de dix heures par jour, et le salaire, qui est le même pour tous, s'y paye à la journée. Seulement, les directeurs, les employés principaux et certains agents ont droit (1), en sus du salaire commun, à une indemnité qu'ils touchent réellement, pour raison des dépenses que nécessitent leurs fonctions (2).

---

(1) Voir l'article 38 de l'acte de société.

(2) C'est ainsi que j'ai vu ceux qui représentent l'association à l'extérieur, dans ses rapports avec la clientèle, avoir une mise aussi propre et aussi recherchée que celle de la plupart des maîtres tailleurs de Paris.

Cette association, qui, dans le principe, comptait, assure-t-on, jusqu'à quinze cents ouvriers employés dans ses ateliers, et fournissait en même temps du travail

Cette association, qui avait toute la prédilection du fondateur, se compose en grande partie d'hommes qui l'ont entendu aux conférences du Luxembourg : on conçoit donc qu'elle doive apporter plus que d'autres du zèle à mettre ses théories en pratique. Mais il est bon de faire observer que les indemnités accordées à plusieurs de ses membres venant infirmer en fait, tout en sauvegardant les apparences, l'égalité du salaire, lui ont permis de conserver les hommes qui lui sont le plus nécessaires, et sans lesquels l'établissement n'aurait sans doute pu se soutenir.

Quant aux associations ouvrières formées depuis les journées de juin, elles sont de plusieurs sortes.

Les unes ne sont autres que les associations plus ou moins modifiées qui existaient auparavant ; les autres sont nouvelles. Les unes, voulant participer à l'avantage promis par le décret du 5 juillet, se sont adressées au ministre du commerce, et lui ont soumis, comme il l'exigeait, leurs statuts. Les autres ne lui ont rien demandé ni rien soumis, mais ont profité des modèles de statuts émis par l'administration.

Les statuts des sociétés qui sollicitent une part dans les trois millions sont évidemment, à l'exception de certains détails, les copies d'un modèle rédigé ou adopté par la commission chargée de distribuer cette somme (1). Et ce modèle, évidemment emprunté lui-

---

à plus de deux mille familles du dehors (voir la page 4 de l'acte de société imprimé), a été réduite depuis, m'a-t-on dit dans ses bureaux, à n'occuper que quarante ouvriers seulement, et en aurait présentement (décembre 1848) près de quatre cents. Quoi qu'il en soit, son acte de société, dressé les 9 et 10 août, mentionne un capital de 70,000 francs réalisé à cette époque (article 11), si on en croit la copie imprimée de cet acte.

(1) Tous ces statuts sont divisés en six titres, rangés dans le même ordre.

Le premier détermine la forme, le siége et la durée de la société.

Le second parle du fonds social et de la manière de le former.

Le troisième est relatif à l'administration.

Les inventaires et la répartition des bénéfices font le sujet du quatrième.

Le cinquième concerne les admissions, retraites et exclusions des membres.

Et le sixième, la fin de la société, sa reconstitution et les modifications aux statuts.

même en grande partie au cahier d'avril 1848 du journal *l'Atelier*, était déjà, à peu de chose près, le contrat d'association des bijoutiers, dont j'ai parlé plus haut. Les articles en sont pour la plupart fort sages; mais il est peut-être à regretter, sous le rapport moral, qu'un gérant qui se retire reste libre de s'établir dans la même industrie, et qu'il ait ainsi un grand intérêt pécuniaire à s'emparer de la chalandise. Ce doit être là, bien certainement, une cause de ruine et de courte durée pour les associations qui auraient d'ailleurs le plus d'avenir (1).

Du reste, tous les statuts soumis au ministre du commerce, ou qu'on devait lui soumettre, et qui ont passé sous mes yeux, sont ceux :

1° D'associations entre ouvriers seulement;

2° D'associations entre patron et ouvriers, le premier n'apportant à l'entreprise que son intelligence et son travail, sans capital d'aucune sorte;

3° Et d'associations entre patron et ouvriers, le premier apportant, outre son intelligence et son travail, un fonds social composé de valeurs industrielles qui consistent en ateliers, métiers, machines, etc.

Aujourd'hui, 8 janvier, il n'y avait encore qu'un seul de ces contrats qui mentionnât l'apport réellement effectué d'une somme en argent ou en billets de banque (2).

Mais il ne faudrait pas tirer de ce fait, relativement à la réussite probable des associations ouvrières, une conséquence aussi fâcheuse que dans les temps ordinaires.

La pensée générale qui ressort de tous ces contrats, c'est qu'ils

---

(1) C'est ce qu'ont très-bien senti nos bijoutiers, dont les statuts contiennent un article destiné à prévenir un tel abus.

(2) C'est celui d'une association entre patrons et ouvriers pour la fabrication de châles : les premiers ont fourni 60,000 francs. Il est vrai que, de son côté, l'administration avait accordé une somme beaucoup plus forte. Ces renseignements m'ont été donnés au ministère de l'agriculture et du commerce.

ont été rédigés dans le but d'organiser de véritables assurances
contre la misère. Voici, au surplus, les observations que leur examen m'a suggérées ; elles ne sont pas, je crois, sans intérêt, car
elles en feront connaître l'esprit et les tendances.

Il suffit de comparer entre eux les statuts d'un certain nombre
de ces réunions industrielles, qui s'adjoignent des ouvriers, non
plus à titre de simples salariés, mais à titre de membres intéressés
ou de sociétaires, pour établir entre ces associations deux grandes
catégories, sous lesquelles toutes viennent se ranger.

La première catégorie comprend les associations dans lesquelles
l'ouvrier forme avec un patron ou une compagnie quelconque res-
ponsable, qui apporte ou n'apporte pas de fonds, une société dans
laquelle lui, manouvrier, joue avec son travail le rôle de comman-
ditaire ayant part seulement aux bénéfices, mais ne pouvant être
poursuivi en cas de faillite, et, à ce titre, restant toujours étran-
ger à la gestion des affaires. Sa part dans les bénéfices, le degré de
surveillance qu'il peut exercer, ses droits, en un mot, sont précisés
par les statuts ; mais ils ne nuisent pas aux droits des chefs qui conservent l'administration, ni à la hiérarchie de l'atelier, puisque
l'exclusion pour une cause valable de l'un des travailleurs peut toujours être prononcée par le chef de l'entreprise.

Les récompenses, sous le régime des primes, sont facultatives, et
dépendent de la libre estimation et du libre consentement du patron. Dans l'association (où il n'y a point de primes), les récompenses sont fixées d'avance et obligatoires ; et sous ce rapport, quand
elle réalise des bénéfices, la position de l'ouvrier est meilleure.
Mais si, comme il est à craindre, le patron, voulant retrouver la
portion de gain qu'il doit abandonner, abaisse un peu le taux des
salaires, où sera, en définitive, l'avantage pour l'ouvrier ? Par les
habitudes d'ordre et d'épargne qu'il fait contracter, un salaire toujours à peu près le même est bien préférable pour lui à un salaire
ordinairement plus fort, mais avec des alternatives de hausse et de
baisse. Ce n'est pas tout : la part laissée aux gérants ou directeurs
pour les indemniser des soins de gestion et des pertes que seuls ils

supportent, doit être telle, nécessairement, que, même dans les meilleurs temps, la part des ouvriers ne s'en trouve que médiocrement accrue. Faisons observer aussi que la sévérité des règlements permettant d'exclure les mauvais ouvriers, les avantages de l'association sont surtout pour les hommes d'ordre et d'intelligence, qui prospéreraient à peu près autant ailleurs.

Bien plus : un fabricant habile qui offrirait aux bons travailleurs des conditions enregistrées, ayant force obligatoire et leur assurant plus de fixité dans le gain, les verrait probablement, à son grand profit, affluer dans son usine. S'il en était ainsi, un énorme avantage serait acquis à son établissement, qui aurait un autre mérite, celui d'une morale influence sur les nouveaux admis. Il est évident, en effet, que tout nouvel associé qui entrera dans un semblable noyau, composé d'hommes de choix, y trouvera, pour persévérer dans ses bonnes habitudes et redresser ses défauts, une salutaire influence, que lui-même pourra exercer à son tour sur tous ceux avec lesquels il sera en rapports fréquents.

La seconde catégorie comprend les associations composées exclusivement d'ouvriers soumis (un chef est partout nécessaire) à un gérant chargé de l'administration, mais à un gérant élu par eux et révocable. Ces sociétés excluent par conséquent tout maître ou patron.

Elles laissent au gérant assez de latitude pour diriger les affaires. Toutefois, ce n'est pas sans se prémunir contre ses actes arbitraires, soit par une révocation, soit par un appel devant le conseil des prud'hommes ; et, tout en lui confiant souvent le choix des employés, elles stipulent que ceux-ci ne recevront jamais un salaire double de celui de l'ouvrier le plus rétribué.

Mais il est des inconvénients particulièrement inhérents aux associations de cette espèce, et qui laissent beaucoup d'inquiétude sur leur avenir. Comment, en effet, assurer l'existence de sociétés de commerce qui se constituent sans crédit ni capitaux, ni subvention, ni commandite solide un peu importante, et même sans qu'elles en puissent attendre? Telle est pourtant la position de presque toutes, je pourrais dire de toutes les associations purement ouvrières. Car on ne saurait considérer comme fonds social suffisant les très-minimes sommes et les outils que chaque travailleur y apporte, quand il apporte quelque chose, ni les retenues qui doivent être faites sur son salaire, pour former à la longue ce même fonds. N'est-ce pas s'exposer, aux époques de crise, et même dans les temps prospères, soit par des manques de commandes, soit par des retards dans les rentrées, à ne pouvoir faire à leurs membres les payements de semaine ou de quinzaine? Supposons ce cas, un jour ou l'autre inévitable; les ouvriers seront obligés, pour vivre, de se séparer et de retourner chez les anciens patrons (si leur place n'est pas prise). Et, une fois dissoutes, ces sociétés ne se reformeront plus.

Ce n'est pas tout. La révocabilité des gérants, qui sont d'ailleurs généralement élus pour un temps trop court, peut aussi entraîner de graves chances de déconfiture; surtout dans les associations où beaucoup de membres, désireux de voir arriver chacun à son tour à la surveillance et à la gérance, ou mieux peut-être d'y arriver eux-mêmes, veulent qu'on renouvelle souvent les chefs, et *jouent ainsi à l'administration*, selon l'expression d'un gérant qui me signalait cette cause de ruine.

Mais il est de généreuses et sages combinaisons, communes aux deux sortes d'association, et que je dois signaler.

Telles sont :

1° L'obligation imposée, aux sociétés dont les affaires exigent une *augmentation définitive* dans le personnel des travailleurs, de ne pas prendre, pour compléter le nombre jugé suffisant, de simples salariés, mais de nommer de nouveaux associés;

2° L'obligation de choisir autant que possible les nouveaux membres parmi les ouvriers accidentellement employés par l'association comme auxiliaires salariés, toutefois après un temps d'essai ou d'apprentissage qui a mis à même d'apprécier leurs qualités ;

3° La sévérité de leurs statuts et de leurs règlements d'atelier, qui permettent d'exclure les hommes sans conduite, ou convaincus d'actes contraires à leur honneur et à l'intérêt de la société.

6.

Je connais même à Paris une association véritablement modèle (composée seulement de huit ouvriers fondeurs en cuivre et fer), dont l'exemple nous prouve combien ces travailleurs eux-mêmes, lorsque l'expérience leur a appris toutes les difficultés, tous les déboires, toutes les illusions des associations présentement à la mode, sentent que de pareilles sociétés ne sont réalisables qu'avec des hommes choisis. Au mois de mars dernier, ils avaient adopté le principe de l'égalité des salaires et des droits ; mais, au bout de six semaines, ne pouvant plus s'entendre ni se soutenir, ils ont renoncé à tous ces rêves pour transformer le gérant élu par eux en un véritable maître, si l'on peut ainsi parler, dans le bureau duquel on ne doit pas entrer, auquel on doit une obéissance absolue, et qu'on ne doit pas même interroger ou interpeller ailleurs qu'aux séances du conseil d'administration ou en assemblée générale. Et, avec ce maître qu'ils se sont volontairement donné, ils observent un règlement d'atelier rigoureux au delà de tous les autres, et où l'on trouve un article prononçant l'exclusion immédiate de tout sociétaire (je copie) « que l'on saurait faire partie d'une société qui aurait rela-« tion à la politique et aurait pour but de renverser le gouverne-« ment. » Enfin, le bon sens et la prévoyance du gérant et de ses camarades leur ont fait établir une caisse particulière, où chacun d'eux doit avoir 150 francs, sur lesquels il peut retirer jusqu'à 100 francs à l'entrée de l'hiver pour ses provisions, mais en les restituant après cette saison au moyen d'une retenue d'un franc par jour faite sur son salaire

Telles sont encore, parmi les sages mesures qu'adoptent toutes ces sociétés :

4° La fondation d'une caisse de réserve, destinée principalement à leurs besoins commerciaux imprévus, et subsidiairement à l'accroissement du matériel et du fonds de roulement ;

5° La formation d'une caisse de secours mutuels pour les malades et les infirmes, que vient encore alimenter le montant des amendes prononcées ;

6° Enfin celle d'une caisse dite de *fonds de retenue indivisible*, dont les sommes n'appartiennent plus aux sociétaires, ne peuvent jamais être partagées entre eux, et doivent, à l'expiration de la société, permettre à une société nouvelle de continuer la première, ou bien être employées, par les soins de l'administration départementale, à des œuvres de bienfaisance dans l'intérêt des classes ouvrières, du moins autant que possible.

Ces caisses, et souvent le capital roulant, sont nourris par les retenues imposées dans certaines proportions au salaire des associés.

Dans la majeure partie des associations, les salaires, on le conçoit, sont inégaux, en raison du travail ou des services rendus. Ils sont fixés, soit à la journée, soit aux 'pièces, conformément aux usages et tarifs de la profession.

Il existe en outre, entre les membres des diverses associations ouvrières de Paris, un lien de sympathique et louable confraternité qui les porte à s'aider mutuellement, et fait qu'ils achètent les uns aux autres, et se vendent moins cher qu'au public, les objets de leur fabrication ou de leur industrie. Non-seulement les associations se donnent réciproquement leur pratique, mais encore elles ont celle de beaucoup d'ouvriers qui ne font partie d'aucune. C'est ainsi que de pauvres blanchisseuses dans la plus grande détresse, parce qu'elles étaient absolument sans ouvrage depuis plusieurs mois, en ont trouvé tout à coup en s'associant, et bien plus qu'elles n'en peuvent faire (1).

Certes, les associations ouvrières doivent puiser quelque force dans cette mutualité de bons services. Il ne faut pas néanmoins se faire illusion : cette aide n'est pas acquise à toutes. Des blanchisseuses, des couturières, des cordonniers, des tailleurs, peuvent presque compter sur la pratique de leurs camarades et des ouvriers qui les connaissent. Mais en quoi cette bonne volonté de se soutenir les

___

(1) Ces mots, *Association fraternelle de blanchisseuses*, écrits sur la maison qu'elles occupent, ont eu cette singulière vertu. Cette association n'appartient pas à la classe de celles dont il s'agit ici, mais à la classe de celles que je vais faire connaître à l'instant. La réciprocité de services qu'elles se rendent est à peu près la même pour toutes.

uns les autres pourra-t-elle profiter aux associations de carrossiers, de fabricants de machines, et surtout d'objets de luxe, puisque les ouvriers ne s'en servent pas, n'en consomment pas?

Je n'ai encore fait connaître, des associations ouvrières formées depuis les journées de juin, que celles dont les membres, amis de l'ordre et honorables autant qu'utiles, n'ont d'autre but que d'améliorer leur condition par le travail. Mais il en est d'autres dont beaucoup de membres, qui fréquentent les clubs de cette capitale, ont assisté aux conférences du Luxembourg, fait partie des ateliers nationaux, et en ont encore les mauvaises et turbulentes tendances. Enfin, ces sociétés, dans lesquelles on ne s'adresse la parole qu'en s'appelant *citoyen*, semblent organisées, pour la plupart, autant en armée politique qu'en armée industrielle de véritables et bons travailleurs.

Elles s'intitulent *Associations fraternelles;* dénomination qu'elles écrivent ordinairement, et en grosses lettres, à la porte des maisons qu'elles occupent, en y ajoutant le nom de la profession qu'elles exploitent. C'est à la fois un drapeau indiquant le parti auquel appartiennent un grand nombre de leurs membres, et une enseigne qui leur procure immédiatement, comme je viens de le dire, la pratique des autres associations ouvrières.

Voilà pourquoi nous voyons aujourd'hui, dans Paris, toutes ces annonces :

Ici, d'une *association fraternelle de cuisiniers ;*

Là, d'une *association fraternelle et générale des ouvriers cordonniers et bottiers ;*

Ailleurs, d'une *association fraternelle et égalitaire des tailleurs,* ou bien d'une *association fraternelle des ouvrières lingères et couturières,* etc., etc., etc.;

Et, presque dans chaque quartier, d'une *association fraternelle des ouvriers coiffeurs* (1).

___

(1) Rien de curieux comme les enseignes placées il y a un an à la porte du

Voulant savoir à quoi m'en tenir relativement à ces sociétés, j'ai dû en visiter plusieurs, et, en outre, prendre sur elles des informations auprès de beaucoup de personnes, surtout auprès des gérants ou autres qui en font partie, et plus particulièrement encore auprès d'un homme qui m'avait été indiqué comme un de leurs plus zélés propagateurs et comme les connaissant le mieux. Celui-ci, le seul presque à qui j'aie cru pouvoir confier mes doutes, car je n'avais pas alors d'opinion arrêtée sur tous les points du sujet, m'a paru, comme beaucoup d'autres qui n'avaient pas ses lumières, plein de cœur et de conviction. J'aime à lui rendre cet hommage, quoique je sois loin de partager toujours sa manière de voir.

Voici maintenant le résumé des renseignements que j'ai recueillis. Certes, je ne les crois pas tous exacts; mais on en peut accepter une partie comme ayant été vue par moi, et le reste comme exprimant l'opinion de ceux de qui je les tiens.

Il y a peut-être aujourd'hui, dans Paris, plus de quarante de ces associations fraternelles qui sont organisées ou vont bientôt l'être. Chaque jour, pour ainsi parler, voit accroître leur nombre et celui des membres de chacune. C'est une opinion générale, j'allais dire unanime, parmi leurs membres, comme parmi ceux qui les dirigent et s'efforcent de les propager, qu'il y en aura peut-être cent au mois de mai prochain; que dix mille individus au moins en font partie présentement, sans compter les adhérents, qui, tout aussi nombreux, s'ils ne le sont davantage, y demandent leur admission,

---

siége des associations se disant plus particulièrement fraternelles. Le niveau, emblème de l'égalité, tantôt seul, tantôt au-dessus de deux mains réunies; et ces mots : *Égalité du salaire, Partage égal des bénéfices, Solidarité des producteurs. Fraternité des peuples,* étaient ce qu'elles offraient de moins prétentieux et presque de plus modéré. On y voyait des bonnets phrygiens (association de coiffeurs, place du Temple, n° 5); et ailleurs, on lisait ce pathos : *Ni sacrifices, ni égoïsme. Travailler pour rien afin d'avoir tout pour rien, telle est la vraie loi de l'humanité* (association de tailleurs, rue Saint-Lazare, n° 148). (*Note ajoutée à la première édition.*)

mais qu'on n'a pu encore recevoir, faute d'ateliers ou de travail suffisant. Entendez-les : leur nombre sera doublé d'ici à six mois, et dans deux ans ils seront plus de cent mille (1).

Si leur vœu se réalisait, ils ne tarderaient pas à former, par leurs fréquentes communications, par l'accord de leurs sentiments, et par leur nombre considérable, une sorte de corporation ou d'union à part, laquelle, recevant le mot d'ordre de ses chefs, pourrait se lever un jour comme un seul homme, et renverser d'un coup de main le gouvernement. Dans tous les cas, si ces sociétés deviennent plus fortes, ou si l'imprévu marche comme elles le désirent, elles seront, pour tout pouvoir qui leur déplaira, une menace incessante et comme une épée de Damoclès ; car elles se composent, en grande proportion, d'hommes aveuglément passionnés, énergiques, et tout prêts pour la révolte.

Heureusement, on doit regarder comme certain que, à l'époque de la reprise des affaires, beaucoup d'ouvriers qui, faute de travail, s'y associent aujourd'hui, s'en retireront pour retourner chez les maîtres, où ils auront une paye mieux assurée.

J'ai des raisons de croire que deux ou trois hommes, qui ont toute la confiance de ces sociétés, exercent sur elles la plus grande influence, leur servent de lien commun, en reçoivent tous les jours les gérants ou délégués, fournissent des modèles de statuts aux associations qui se forment, et donnent à toutes des conseils avec une direction. Parmi eux, il en est qui s'emploient de leur mieux à créer pour chacune des professions occupant le plus de bras, et dont on peut le moins se passer, une grande et unique association

---

(1) J'ai vu des associations fraternelles qui n'avaient pas plus de huit à douze membres ; mais d'autres aussi me disaient en avoir quatre cents (celle des ouvriers boulangers), neuf cents (celle des ouvriers chapeliers réunis, sur les quatorze cents ou environ qui existent à Paris), et jusqu'à quinze cents (celle des ouvriers cordonniers et bottiers, et celle des ouvriers coiffeurs). Il y a là bien certainement des exagérations, et même de grandes ; mais les mêmes nombres m'ont été donnés ailleurs.

qui en comprendrait tous les ouvriers. Quant aux travailleurs peu nombreux de certains métiers, on les réunirait à ceux des métiers analogues; et c'est comme cela, m'a-t-il été affirmé, que les ouvriers corroyeurs, mégissiers et tanneurs de cette capitale doivent se constituer bientôt en une association fraternelle, réunissant les trois professions.

Le salaire, dans ces sociétés, prend le nom de *rétribution*. Plusieurs, qui avaient été établies d'abord sur le pied de son égalité parfaite, sont restées jusqu'à présent fidèles à ce principe. Je citerai celles des blanchisseuses, des ouvriers en *arçonnerie*, des coiffeurs, et encore celle des cuisiniers, qui, dans les trois restaurants ouverts par eux pour les ouvriers, rétribue le modeste laveur de vaisselle comme le cuisinier-chef ou le gérant (1).

Mais l'égalité du salaire tombe chaque jour en défaveur dans l'esprit des ouvriers, et les sociétés qui se constituent maintenant la rejettent, ou si elles paraissent l'accepter dans les modèles de contrats ou statuts qu'on leur fournit, elles suppriment l'article qui la concerne dans l'acte signé par leurs membres. Il est bon, en outre, de rappeler ici que l'association des tailleurs de la rue de Clichy, fondée sur le principe pur de l'égalité du salaire, accorde avec raison à ses chefs et à quelques autres, en sus du salaire commun, des frais de représentation, lesquels, en laissant inscrite cette égalité dans les statuts, l'infirment dans la pratique. Au surplus, les sociétés qui persisteront à maintenir l'égalité en question succomberont certainement les premières après la crise actuelle, parce que tous les bons ouvriers les quitteront pour retourner dans les ateliers privés, où leur salaire, étant en raison du travail, sera plus élevé.

Quant aux bénéfices, le partage doit en être fait, tantôt égale-

---

(1) C'était du moins ainsi il y a trois semaines, si je dois croire ce qui m'en a été dit séparément par des membres et les gérants de ces associations, et par d'autres qui ne leur appartiennent pas. Mais des renseignements plus récents infirment l'égalité de salaires dont il s'agit pour une partie des ouvriers coiffeurs.

ment entre tous les associés, tantôt au prorata des salaires gagnés par eux.

Du reste, ces associations fraternelles se forment, à bien dire, sans capitaux ; voici comment :

Après qu'un certain nombre d'ouvriers du même métier sont convenus de s'associer, ceux qui possèdent de petites épargnes les réunissent, et tous se privent de ce qui n'est pas absolument nécessaire à l'entretien de leur vie, afin de grossir le fonds commun. Comme ils attendent tout le bien possible de leur association, aucun sacrifice ne leur coûte pour accroître ce petit fonds.

Ils louent d'abord un local, et c'est presque toujours la plus forte de leurs premières dépenses, parce qu'ils doivent payer un terme d'avance.

Cela fait, ils y placent leurs propres établis ou métiers, ou bien ils en louent ; puis chacun y apporte ses outils à la main.

Quand les sociétaires sont trop nombreux pour ce local, ceux qui peuvent s'y installer, c'est-à-dire ceux qui n'ont pas d'ouvrage chez les fabricants ou entrepreneurs, en prennent possession.

Voilà donc l'atelier commun ouvert, la fabrique en activité, ou la maison de commerce constituée.

Je l'ai déjà dit : elle a immédiatement pour chalands les membres des autres associations ouvrières, et surtout des associations fraternelles. Ceux-ci vont dîner, par exemple, dans les restaurants ouverts par l'association des cuisiniers, dont ils trouvent d'ailleurs les mets un peu meilleurs et un peu moins chers que ceux des maisons où ils allaient auparavant ; ceux-là portent leur linge à blanchir à l'association des blanchisseuses ; d'autres font raccommoder leurs chaussures par l'association des cordonniers, ou bien lui en commandent de nouvelles ; les cordonniers eux-mêmes vont acheter à l'association des formiers les formes dont ils ont besoin, etc. Enfin, quand une association ouvre boutique, la menuiserie est faite et les vitres sont posées par des ouvriers menuisiers et vitriers, le tout à des prix moins élevés que pour le public.

Ces associations fraternelles sont, comme les autres associations dont j'ai parlé, des espèces de sociétés en commandite. Chaque sociétaire doit y prendre une ou plusieurs actions, dont il remet en argent, en métiers ou en outils, la valeur nominale, ou bien il n'apporte à l'entreprise que son industrie, son travail, sur la rétribution duquel on fait une retenue jusqu'à payement de l'action. Celle-ci varie assez communément de 5o à 1oo fr.

On conçoit que des ressources aussi modiques ne sauraient permettre d'entreprendre des travaux bien grands, ni de résister à une crise un peu longue.

Déjà même, des associations ouvrières, assure-t-on, auraient trouvé leur perte dans une circonstance qu'elles avaient regardée comme leur ancre de salut : voulant profiter de la baisse extraordinaire dans le prix des matières premières, elles ont fait tous les efforts, tous les sacrifices imaginables pour s'en procurer et fabriquer quelque peu ; mais elles n'ont pu placer leurs produits ; elles n'ont point eu d'acheteurs.

Les statuts de nos sociétés fraternelles prescrivent, pour la plupart, du moins ceux dont j'ai pu avoir communication, de diviser les bénéfices en 1oo parties, distribuées comme il suit :

1o *au fonds de réserve* ;
3o *à la caisse d'association fraternelle ou de secours aux membres malades et infirmes* ;
5o *à répartir entre les travailleurs, et*
1o *à une caisse générale des associations réunies, ou à la banque du travail* dont il sera parlé à l'instant.
______
1oo

Lors de la dissolution de ces mêmes sociétés, l'actif devra être partagé en trois parties égales ou à peu près égales, destinées, savoir :

L'une, à la caisse d'assistance fraternelle ;

L'autre, à la banque du travail ;

Et la dernière, à être répartie, au marc le franc, entre tous les sociétaires travailleurs.

Ces associations, en attribuant une partie des bénéfices qu'elles espèrent réaliser à la création de ce qu'elles appellent la Banque du travail, ou la Caisse générale des associations-réunies, se proposent de former ainsi un fonds commun à toutes les associations dites fraternelles, pour venir en aide à celles qui en auraient besoin ou qui voudraient se constituer. Mais ce n'est encore qu'un projet, et il est fort probable que, faute de capitaux, cette banque ne sera point fondée. On conçoit, au surplus, que ses chances d'existence sont les mêmes que celles des sociétés dont il s'agit, et que, dans l'hypothèse de leur succès, elle pourra, en contribuant à les accroître encore, les relier intimement les unes aux autres, et devenir leur état-major général, d'où partiraient toutes les impulsions qu'on leur voudrait donner. Cela vaut la peine d'y réfléchir.

CONCLUSIONS.

Des faits et des considérations qui précèdent ressortent, ce me semble, les vérités que voici :

La condition des classes ouvrières, en France, s'est depuis longtemps notablement améliorée ; mais l'affranchissement de l'industrie, des hommes qu'elle emploie, des ouvriers qui la servent, en un mot, l'ère de la liberté du travail, commence à la révolution de 1789. Ce progrès n'est pas le dernier possible ; et on doit s'attendre à de nouvelles conquêtes, à des améliorations plus importantes encore.

L'association, principe excellent de force, d'économie et de succès, me semble devoir y jouer un des principaux rôles ; toutefois, on lui a prêté plus d'avenir qu'elle n'en a réellement. Je pourrais me borner à dire qu'elle est, du moins telle qu'on la prône aujourd'hui, bien difficilement praticable, et qu'elle offre peu de chances de durée : mais l'importance du sujet exige quelques développements.

Reconnaissons tout d'abord que l'association ouvrière ne pourra jamais s'appliquer à tous les ouvriers. Ceux qui s'y engageront ne seront jamais que des ouvriers sans travail, et des fabricants gênés ou ruinés ; car tous ceux dont les affaires ou les journées seront restées bonnes, voire même passables, ne voudront point sacrifier leur position à un avenir incertain. D'autre part, les associations nouvelles, entrant en concurrence avec les usines déjà existantes, ruinant quelques-unes de celles-ci, augmentant les difficultés de toutes, ne feront guère autre chose que déplacer la misère. Par conséquent, elles ne sont pas un remède infaillible avec lequel on puisse guérir ou prévenir tous les maux. Examinons maintenant les problèmes que soulèvent les associations ouvrières.

Celles qui sont conclues avec les fabricants et entrepreneurs ne seront pas fort profitables aux ouvriers. Si l'on considère, en effet, que la plupart des industries ne rapportent aujourd'hui aux chefs d'usines que les intérêts des fonds engagés dans ces établissements, et que toujours les intérêts des capitaux empruntés doivent être prélevés, on reconnaîtra que, dans les cas où le chef a pour associés tous ses ouvriers, la portion des bénéfices qui devra revenir à chacun d'eux sera trop minime pour améliorer son sort. Si, au contraire, quelques-uns seulement sont, en sus de leurs salaires, intéressés au succès de l'entreprise, bien peu participeront aux bénéfices, et la grande masse n'en profitera en aucune manière.

Cependant cette association, ou mieux cette demi-association des ouvriers avec un fabricant ou entrepreneur, lequel reste maître de la direction de l'entreprise, et libre de renvoyer des travailleurs comme d'en recevoir de nouveaux, est celle qui offre le plus de chances de durée, de succès et de profit. Ce genre de société prévient l'anarchie des volontés et des égoïsmes, pour laisser dominer la volonté du chef, dont les fonds et le crédit personnel soutiennent l'entreprise, et dont l'intérêt, par la force même des choses, est le même que celui de tous les associés.

Quant à l'association des seuls ouvriers entre eux, elle n'aura guère d'autre résultat que de placer la masse dans la dépendance des nouveaux chefs qui sortiront de son sein, pour remplacer tout simplement quelques-uns des patrons actuels. Mais ceux-là auraient toujours fini par percer; car c'est dans les rangs de ces ouvriers habiles, capables et rangés, que se recrute chaque année la classe moyenne.

Quelques associations dues à l'élan donné par la révolution de février subsisteront néanmoins, et il faut s'en féliciter; mais on ne saurait trop répéter que ce succès est possible à celles-là seules qui auront été formées et conduites avec le plus de prudence.

Ce n'est pas seulement de bénéfices, c'est aussi de perte qu'il peut être question dès qu'il s'agit d'industrie. Dans ce dernier cas, les ouvriers associés souffriront plus que d'autres; il leur faudra tomber de plus haut, et attendre, sous le coup de la misère qui suivra la ruine de l'entreprise commune, une occasion de rentrer dans les établissements qu'ils auront quittés.

Le manque de capitaux de ces associations, et par suite, leur peu de crédit, les exposeront à plus de dangers que les entreprises ordinaires. Quand on pense aux faibles profits que donne habituellement l'industrie, on craint que le fonds de réserve destiné à obvier aux chômages et autres cas imprévus ne se puisse former que bien lentement, si même il devient jamais réalisable. Enfin, cette pénurie de fonds nuira singulièrement à l'établissement sérieux des associations ouvrières, en les mettant hors d'état d'acheter en gros et de se procurer des machines, économiques en somme, mais d'une installation première onéreuse. Ces avantages, qui constituent souvent tout le gain des exploitants actuels, donneront toujours aux patrons ordinaires une supériorité qui sera fatale à la plupart de leurs nouveaux concurrents.

Moins nombreuses encore sont les chances de réussite pour les associations dites fraternelles qu'on essaye aujourd'hui de réaliser d'après un plan purement théorique. Celles-ci, recrutées sáns choix, ne peuvent jamais, faute d'unité dans la marche, de force dans la direction et d'obéissance dans l'exécution, espérer le moindre succès, surtout si l'on y conserve l'absurde principe de l'égalité du salaire. Le peu d'intérêt qu'aurait alors chaque membre à faire mieux et plus que les autres, établira entre tous un niveau de paresse et d'insouciance, qui finira bientôt par ruiner l'entreprise.

Il n'y a pas non plus de prospérité possible pour les associations ouvrières qui, n'accordant pas à leurs gérants assez d'autorité, d'indépendance et de stabilité, les remplacent fréquemment, ou gênent leur action par un contrôle abusif, et une jalouse critique dans les détails de leur gestion. C'est ainsi qu'on fera naître chez beaucoup de gérants la pensée de se retirer, s'ils croient pouvoir entraîner avec eux une bonne partie de la clientèle, pour établir ailleurs une entreprise rivale, fondée à leurs risques et périls, mais sous leur direction absolue. Or, parmi les statuts que j'ai examinés, un seul prévoit ce cas, cependant fort important; car la retraite d'un gérant peut amener infailliblement la chute de l'association qu'il abandonnerait.

Suivant donc qu'elles se rapprocheront davantage des conditions qui viennent d'être indiquées comme causes de succès ou de ruine, les associations ouvrières dureront plus ou moins longtemps; mais il n'est pas possible d'admettre qu'elles finissent jamais ni par se substituer entièrement à l'industrie privée, ni même par lui créer une bien sérieuse concurrence, surtout quand il s'agit d'exploitations qui ne sauraient réussir que sur une grande échelle.

On conçoit aisément, à l'aide de ces données, pourquoi l'association de bijoutiers dont j'ai parlé plusieurs fois (celle-là même, je crois, que recommande le journal *l'Atelier*), a constamment prospéré depuis sa fondation, il y a quatorze ans; comment il en a été de même pour quelques autres, malheureusement trop rares, que j'ai vues se former dans divers centres de fabrique (voy. p. 26 et 28), et en particulier pour celle qu'a fondée dans la ville d'Amiens un bienfaisant et généreux manufacturier (voy. p. 29); comment, enfin, on peut presque prédire tout succès aux associations conçues et conduites avec la prudence, la sagesse et la sévérité qui caractérisent la société des fondeurs dont il a été aussi question (voy. p. 40).

Il est encore pour les sociétés ouvrières une chance toute spéciale de succès : c'est celle que présente l'association récemment conclue entre quinze ouvriers formiers. Cette industrie ne compte guère à Paris qu'une soixantaine de travailleurs, qui suffisent aux besoins du commerce. Il leur sera facile de s'entendre cordialement, et de se maintenir dans des limites qui leur permettent de rester maîtres de la place. Mais combien y a-t-il de professions qui se trouvent dans une aussi exceptionnelle et aussi favorable condition?

Comparez ces associations avec la grande majorité de celles qu'a fait naître la révolution de 1848, et vous resterez convaincu que si les premières doivent leur réussite au choix, aux qualités et au petit nombre des sociétaires, les secondes n'ont rien à espérer. Dans les unes, statuts, organisation, personnel, tout est bon et raisonnable. Dans les autres, au contraire, tout est mauvais et insensé, depuis les principes industriels et les tendances politiques jusqu'aux hommes, ou du moins beaucoup de ceux qui les composent.

En résumé, la très-grande masse ne gagnera rien, quoi qu'on en ait dit, à l'association, et les hommes qui la réclament aujourd'hui avec tant d'impatience se croiront trompés, indignement frustrés par les chefs qu'ils auront choisis eux-mêmes, et crieront d'autant plus à l'injustice, à la trahison, au vol, que le nouvel état de choses sera accompagné d'un plus horrible dénûment, rendu inévitable par le long chômage et la longue crise qui l'auront amené.

Du reste, il ne faut pas croire que les tentatives d'associations ouvrières, présentement si nombreuses, continuent toujours avec le même engouement. Beaucoup d'ouvriers, engagés aujourd'hui dans les voies inconnues et périlleuses de l'association, commencent déjà, si je ne me trompe, à reconnaître l'inanité des promesses qu'on leur a faites. Aussi, dès que les affaires publiques permettront à la confiance de renaître, au commerce de se rétablir, on verra les bons travailleurs rentrer dans les ateliers privés, heureux d'y trouver un salaire plus certain et une existence plus tranquille. Cette retraite amènera la ruine de la plupart des associations auxquelles ils retireront leur concours.

Il est bien probable, au surplus, que, grâce à l'expérience acquise par elles, les associations ouvrières renonceront au caractère utopique et aux tendances révolutionnaires que nous regrettons de trouver chez un aussi grand nombre d'entre elles. C'est à ces conditions qu'elles peuvent espérer un peu de vie, et assurer à leurs membres un bien-être réel.

Il ne faudrait cependant pas croire que la fièvre étrange et contagieuse qui tourmente nos populations ouvrières ne doive laisser après elle que des ruines. Parfois la divine Providence se plaît à tirer le bien du mal même; et comme souvent le mal n'est que l'abus d'un bon principe, elle permettra sans doute que le déchaînement dont nous sommes témoins laisse après lui quelque salutaire influence.

Ces heureux résultats, ensevelis encore dans les secrets impénétrables de l'avenir, nul ne peut les préciser d'une manière bien certaine; mais il en est quelques-uns que j'espère, et que j'éprouve du bonheur à signaler. J'espère que les chefs d'industrie s'appliqueront à donner plus de développement au système si utile des primes, et qu'ils se préoccuperont davantage de la bonne conduite, de l'instruction morale et de l'amélioration du sort de leurs ouvriers. Parmi les progrès laissés plus spécialement au soin de ceux-ci, j'attends, dans un avenir prochain, non-seulement une extension plus grande des caisses de secours mutuels et de prévoyance, dont il est question dans presque tous les nouveaux statuts, mais encore une plus grande réserve à se livrer inconsidérément aux conseils des ambitieux ou des insensés qui voudraient encore les leurrer de rêves irréalisables ou de mensongères promesses.

En définitive :

Les associations d'ouvriers avec les fabricants ne sont possibles que dans des limites fort restreintes.

Celles des ouvriers entre eux seuls sont beaucoup moins praticables qu'on ne semble le supposer.

Parmi ces dernières, les plus faciles à réaliser et à faire réussir sont :

1° Les associations formées pour exécuter *à prix fait* des travaux d'une durée limitée, et qui ne demandent pas un trop long apprentissage, dont la main-d'œuvre constitue la plus grande dépense, et dont le payement doit être prochain. Telles sont, pour citer des exemples, l'association des ouvrières blanchisseuses (voir page 41) (1), et celles que forment parfois des ouvriers terrassiers ou des ouvriers d'une autre industrie qui soumissionnent certains ouvrages, comme faisaient les marchandeurs. Le nombre des intéressés dans celles-ci peut se réduire à quelques-uns, ou bien, au contraire, s'élever beaucoup;

2° Les associations, pour une exploitation d'une durée plus longue, composées de quelques membres seulement, mais actifs, laborieux, économes, tranquilles, de bonne conduite, possédant déjà quelques épargnes, se connaissant parfaitement, ayant confiance les uns dans les autres, et s'occupant, à l'exclusion de toute autre chose, de mener à bien et honorablement leur entreprise.

Du reste, ces deux sortes d'associations ont de tout temps existé depuis 1789, et n'avaient nul besoin, pour se produire, de nos commotions politiques.

---

(1) On n'a pas oublié sans doute que les associations ouvrières de ce genre peuvent compter sur la clientèle de tous les ouvriers qui ont besoin des services rendus par leurs membres. Cette mutualité de services aidera sans doute à vivre quelques-unes d'entre elles ; et, si mes renseignements sont exacts, des sociétés nouvelles, qui n'ont guère d'ouvrières que le nom, se forment déjà pour, à l'aide de cette enseigne, procurer aux boutiques qu'elles vont ouvrir la clientèle des ouvriers de leurs quartiers.

Si maintenant nous classons entre elles, d'après l'ordre décroissant des chances de succès ou de durée, les diverses associations
ouvrières que nous venons de passer en revue, nous trouvons :

Que celles qui existaient déjà avant la révolution de 1848 avaient
été établies avec beaucoup plus de sagesse, et devaient bien mieux
réussir que ces grandes et innombrables sociétés inconsidérément
formées depuis le mois de février;

Et que, parmi celles-ci, ce sont les associations dites fraternelles
qui doivent, en général, succomber les premières, surtout celles qui
adoptent l'égalité du salaire.

Enfin, contrairement aux affirmations d'un célèbre novateur,
qui prétend que l'association absolue est pour le peuple son unique ancre de salut, tandis que la concurrence est pour lui un système d'extermination et une cause sans cesse agissante d'appauvrissement et de ruine, nous pouvons dire en terminant :

C'est à la libre concurrence, prudemment conduite, que, depuis
1789, la France doit ses progrès industriels, et la classe ouvrière,
prise en masse, l'amélioration de son sort. Quant à l'association
absolue, elle serait pour nos travailleurs un aveugle système d'extermination, et pour tous une cause sans cesse agissante d'appauvrissement et de ruine.

Le petit traité que l'on vient de lire a paru en février 1849
dans le fort de la fièvre d'association ouvrière, et quand l'expérience ne nous avait encore rien appris, à bien dire, sur ce genre
de société industrielle. Depuis lors les faits ont marché. Il en résulte, *pour les associations ouvrières formées avec le secours de
l'État,* un enseignement complet qui se trouve exposé dans un rapport fait, au nom d'une commission, par M. Lefebvre Duruflé à
l'Assemblée nationale, le 4 février de cette année 1850 (1).

---

(1) *Au nom d'une commission composée de 15 membres et chargée d'examiner le*

8.

Une analyse de ce document considéré sous les seuls aspects qui doivent nous occuper, et quelques autres renseignements non moins certains, quoique dépourvus du caractère officiel, sont les sources où l'on a puisé les détails qui vont suivre.

Le premier fait constaté dans le rapport, c'est que, même en 1848, l'association n'était pas pour les classes ouvrières un besoin senti par elles, mais un vague désir « suggéré, d'un côté, par quel-« ques hommes animés de sentiments peut-être plus philanthro-« piques qu'éclairés, et de l'autre, par des agitateurs qui s'en fai-« saient une arme révolutionnaire. » En effet, excepté à Paris et à Lyon, ajoute M. Duruflé, aucune voix n'avait demandé avant 1848 la transformation des ouvriers salariés en associés volontaires. En outre, si le mouvement des esprits eût été tel qu'on le disait, on aurait vu sur tous les points de la France des associations d'ouvriers se former et réclamer une part du crédit de 3 millions alloué par l'Assemblée nationale.

On n'a d'ailleurs reçu que 521 demandes, sur lesquelles 60 seulement ont été jugées admissibles, et 50 réellement accordées, dont 30 à Paris et 20 dans les départements. Enfin, parmi les 461 demandes rejetées tout d'abord, on n'en a compté que 3 dont la raison commerciale annonçât une association purement ouvrière. « Quant au reste, sous l'apparence d'une agrégation quelconque « d'ouvriers, car il en fallait toujours... pour colorer les demandes,.. « il n'y avait partout que des patrons atteints par la révolution de « février, des contre-maîtres dépouillés de leurs emplois par le « même événement, et des hommes à projets, quelquefois totalement « étrangers à l'industrie, traînant tous à leur suite un nombre plus « ou moins grand d'ouvriers poussés bien moins par le désir de se « dérober à la prétendue *exploitation de l'homme par l'homme*, que

projet de loi tendant à ouvrir au ministre de l'agriculture et du commerce, sur l'exercice de 1849, un crédit de 1,202,543 fr. non employés à la clôture de l'exercice de 1848, sur le crédit de 3 millions ouvert en faveur des associations ouvrières.

« par le besoin d'obtenir le pain quotidien qui venait de leur être
« enlevé (1). »

Un autre fait déjà dit plus haut, c'est que la plupart des associations emploient des ouvriers salariés, sous les noms d'*auxiliaires* ou
de *collaborateurs à l'essai*.

Aussi le conseil d'encouragement a-t-il voulu obliger les associations (art. 23 des statuts arrêtés par lui) « à ne pas employer de
« simples salariés, mais à admettre un nombre suffisant de socié-
« taires. » Malheureusement, à la suite du principe arrive l'exception,
et le même article porte : « ... Néanmoins nul ne pourra être reçu
« comme sociétaire, s'il n'a travaillé pour la société pendant un
« temps d'essai qui n'est pas moindre de trois mois, et qui peut
« s'étendre jusqu'à six. »

De cette disposition, qu'admettent pareillement les associations
non subventionnées, résulte cet inconvénient, que, pour ne point
partager les profits avec de nouveaux camarades, quelques associations, si je suis bien instruit, ne conservent pas ces *auxiliaires*
assez de temps pour qu'ils puissent devenir sociétaires partageants.
C'est que *chacun pour soi* est aussi bien la règle de conduite des
hommes qui se targuent le plus d'une généreuse et noble fraternité, que des hommes qui ne cherchent pas à s'en prévaloir.

Le rapport fait ressortir dans les termes suivants cette contradic-
tion flagrante des associations avec leurs principes : « Établies pour
« *faire passer l'ouvrier de l'état de salarié à celui d'associé volon-*
« *taire*, pour *affranchir l'ouvrier de l'exploitation de l'homme par*
« *l'homme*, n'est-il pas étrange que leurs premiers pas vers ce but
« aboutissent à *créer des salariés pour leur usage particulier, et à*
« *substituer à l'exploitation de l'homme par l'homme* L'EXPLOITA-
« TION DE L'OUVRIER PAR DE PETITES ASSOCIATIONS. »

---

(1) Nous ne supposons pas, lit-on ici dans le rapport, qu'on veuille alléguer,
comme preuves de la tendance des classes ouvrières vers l'association, ces grands
mouvements insurrectionnels plutôt qu'industriels qui ont été soulevés au
Luxembourg.

Il est d'ailleurs à noter que les 3o associations subventionnées de Paris ne comptent pas ensemble plus de 434 membres, ou 14 1/2 l'une dans l'autre, et que près d'un tiers d'entre elles n'offrent que de petites maisons de commerce formées de 3 ou 4 associés jusqu'à 7 ou 8 au plus. Enfin les 3o sociétés n'ont pas eu jusqu'ici, en moyenne, moins de 362 *auxiliaires* ou *collaborateurs à l'essai*. « Dans certains moments, le nombre de ces derniers dépasse même « celui des associés. » Il semble donc en résulter une tendance chez les associés partageant les profits « à n'admettre dans leurs rangs « que les ouvriers les plus habiles, les plus robustes, les mieux « portants, et à laisser les autres en dehors des associations, à « l'état de population flottante, employée dans les seuls moments « de prospérité où l'on ne pourrait se passer de son concours. »

Quoique formées, à une ou deux exceptions près dont il sera parlé plus loin, dans la prévision d'une durée de 2o à 9o ans, ces associations parisiennes ont eu, dans l'espace de moins d'un an, à savoir : — 74 démissions, — 15 exclusions, — 52 nouvelles admissions, dont 32 dans la même association, — et 11 changements de gérants, dont 2 pour malversations. Toutes ces circonstances s'observent bien plus encore dans les associations non subventionnées, et témoignent de tiraillements dans leur propre sein, comme du peu de sagesse qu'elles ont souvent apporté dans le choix de leurs gérants et dans leur administration intérieure.

La *retenue* dite *volontaire*, que la plupart des associations ouvrières exercent sur les salaires de leurs membres, varie de 1/7 à 2/7 ; mais elle est parfois beaucoup plus forte. L'effet de cette retenue est de réduire le gain actuel de chacun; mais c'est dans la pensée très-morale d'assurer à son avenir plus de ressources, et, au jour du partage, de grossir la part de tous, s'il y a des bénéfices.

Le rapport de la commission se termine par des conclusions dont je crois devoir reproduire quelques-unes :

« Aucun symptôme normal n'a indiqué jusqu'ici, parmi les « classes laborieuses, ce que l'on a appelé *le besoin des associa-* « *tions ouvrières.*

« L'idée de ces associations ne s'est encore manifestée que sur
« les points où les travailleurs ont été excités par les agitations poli-
« tiques, ou réduits par les événements révolutionnaires à un chô-
« mage désastreux.

« Néanmoins toute association ouvrière qui présente une pensée
« morale à sa base, une autorité habile et respectée à son sommet,
« le bon ordre dans toutes ses parties, et le partage le plus équitable
« possible des avantages de la communauté entre ses différents
« membres, mérite de la part de l'État intérêt et protection. Mais
« de là ne naît aucun droit, soit à un *crédit*, soit à un prêt sur les
« fonds de l'État. »

En conséquence, l'avis de la commission est « que les associations
« ouvrières soient abandonnées, comme toutes les autres entreprises
« commerciales, aux libres efforts de ceux qui s'y engagent. »

Je ne dirais rien du prêt qui leur est fait par l'État, s'il ne pa-
raissait pas évident que toutes les conditions n'en ont pas été bien
appréciées. Je veux parler surtout des 3/4 p. 100 exigés intégrale-
ment chaque année en sus de l'intérêt du capital (1). Les associations doivent les payer pour frais de surveillance, en calculant ces
frais sur le capital entier, et cela pendant toute leur durée, lors
même que le remboursement a été opéré depuis longues années.

M. P. Paillottet a d'ailleurs fait ressortir l'inconvénient de
cette mesure, dans un curieux travail (2), où il met en scène le
gérant d'une association, qui n'a encore reçu de l'État qu'un
à-compte sur le prêt total accordé, et un percepteur qui réclame,
pour la première année des 3/4 p. 100, la même somme que si le
prêt entier eût été délivré, et annonce qu'on aura tous les ans à la
lui payer, même après avoir rendu le capital.

Sans doute les associations ouvrières doivent être reconnais-

---

(1) Le taux de cet intérêt est de 3 ou de 5 pour 100, suivant que le prêt n'ex-
cède pas ou dépasse au contraire la somme de 25,000 fr.

(2) *De l'Encouragement aux associations ouvrières*. Voir *Journal des Économistes*, cahiers de novembre et décembre 1849.

santes de ce qu'on a fait en leur faveur ; mais il ne faut s'exagérer rien : l'argent accordé par l'État à ces sociétés ne l'est pas à des conditions aussi avantageuses qu'on le croit. La preuve en est dans le simple exposé de la position financière d'une association à laquelle le trésor a prêté, par exemple, 100,000 fr.

Trois choses sont ici à considérer :

1° L'intérêt de 5 p. 100, décroissant au fur et à mesure des payements effectués pour le remboursement du capital ;

2° L'obligation imposée à l'association de consacrer 10 pour 100 de ses bénéfices annuels pour former le *fonds* dit *de retenue indivisible* ; fonds très-onéreux, car elle ne peut jamais lui emprunter dans les années de pertes, et, après la cessation de la société qui l'a fourni, et quand les dettes seront acquittées, il servira de prime à la formation d'une nouvelle association ouvrière ;

3° Enfin, le droit de surveillance, fixé à 3/4 p. 100, non décroissant, dû même après extinction de la dette et jusqu'à la fin de la société.

Supposons maintenant les 100,000 fr. remboursés en dix ans. Voici le résumé des sommes payées au trésor public pendant une durée de douze ans seulement, — pour intérêt du capital, — pour le *fonds de retenue indivisible*, dont la moyenne est évaluée ici à 1,000 fr., — et pour les frais de la surveillance à laquelle cette association reste constamment soumise.

Années.	Capital décroissant.	Intérêts à 5 pour cent sur le capital décroissant.	Retenue indivisible et frais de surveillance.	Total de chaque année.	Tant pour cent sur le capital dû.	
1849	100,000	5,000	1,750	6,750	6.75	
1850	100,000	5,000	1,750	6,750	6.75	
1851	100,000	5,000	1,750	6,750	6.75	
1852	95,000	4,750	1,750	6,500	6.82	
1853	90,000	4,500	1,750	6,250	6.88	
1854	80,000	4,000	1,750	5,750	7.18	
1855	70,000	3,500	1,750	5,250	7.46	
1856	55,000	2,750	1,750	4,500	8.12	
1857	40,000	2,000	1,750	3,750	9.37	
1858	20,000	1,000	1,750	2,750	13.75	
1859	»	»	1,750	1,750	. . . .	3,500
1860	»	»	1,750	1,750	. . . .	
		37,500	21,000	58,500		

Voilà donc, en douze ans, 58,500 fr. qu'il faut ajouter à 100,000 fr. pour se libérer. On suppose aussi que, conformément au contrat d'emprunt, le remboursement complet a été effectué avant la cessation de la société. Si celle-ci était constituée pour vingt années au lieu de douze, elle aurait encore, après l'entier acquittement du capital, à payer 17,500 fr., et non pas 3,500 fr. seulement.

Mais, reconnaissons-le, il n'était pas aussi aisé de prévoir ces conséquences, surtout sous la pression de passions populaires qui n'accordaient pas une heure pour examiner et réfléchir, qu'il ne l'est aujourd'hui d'en constater les effets.

Parmi les associations subventionnées et dont je ne pouvais avoir connaissance quand je rédigeais le petit traité auquel cette note sert de supplément, je dois mentionner celle de quinze typographes employés avant 1848 dans une imprimerie de cette capitale. Pouvant acquérir son matériel aux conditions les plus avantageuses; bien convaincus d'ailleurs qu'il n'y avait pas pour eux de

9

réussite sans une autorité unique, habile et durable; et croyant, en outre, trouver cette garantie dans le prote placé depuis long-temps à leur tête, ils ont tous, avant de constituer leur association, signé l'engagement d'élire un gérant *omnipotent*, et de travailler sous sa « direction (je copie), à trois quarts du prix de leur travail, « *pendant toute la durée de la société* (c'est-à-dire pendant dix ans), « le quatrième quart devant servir à augmenter le gage de l'État « prêteur et à former leur capital social. »

Les statuts ne sont pas calqués, pour tous les articles, sur ceux de la plupart des autres associations. Ainsi, ce qui restera du ca-pital social, après l'acquittement des dettes, « au moment de la li-« quidation, qui ne peut avoir lieu qu'à l'expiration de la société, » sera bien partagé entre la société, *au centime le franc*. Mais « la « société fût-elle libérée plusieurs années avant le terme convenu, « il ne serait permis à aucun des associés de réclamer la moindre « part du capital avant le jour fixé dès à présent pour la liquida-« tion. »

De plus, chaque associé reçoit un carnet ou petit registre dont toutes les pages sont divisées en un même nombre de cases trans-versales dans chacune desquelles, au fur et à mesure des payements, on appose le cachet de la société, et l'on écrit la somme retenue pour former le capital social, c'est-à-dire le quart du salaire gagné dans la dernière quinzaine.

On voit que le but de cette société n'est pas tant d'augmenter le bien-être actuel de chacun de ses membres, que de créer en dix ans un capital qui assure des ressources à son possesseur et préserve ses vieux jours de la misère. C'est au reste le but de beau-coup d'associations ouvrières. On compte pour celle-ci sur une re-tenue ou épargne moyenne annuelle d'au moins 400 fr. par homme, ou de 4,000 fr. au bout de dix ans.

Les ouvriers qui achètent ainsi par dix ans de labeurs le capital dont nous venons de parler ont pour eux une grande présomption de moralité; car ils font preuve de courage et d'efforts soutenus. Il est vrai que, le travail étant aux pièces, la comparaison de salaires très-différents entre eux, doit, chaque jour de paye, raviver dans tous une salutaire émulation.

Il n'est pas jusqu'à la forme adoptée pour constater l'épargne de chaque sociétaire qui n'ait son importance. Sans doute le compte de chacun inscrit au grand-livre lui permettrait d'en connaître le montant. Mais le carnet divisé en autant de cases qu'il y aura de payes pendant toute la durée de la société, l'enregistrement chaque fois des sommes retenues, avec la signature du titulaire, celle du gérant, l'empreinte en encre rouge du cachet de la société, et le total de l'épargne reporté croissant à chaque page, ont une influence très-heureuse sur l'ouvrier. Il peut lire, tous les jours, le chiffre de son petit capital, et le voir grossir toutes les semaines. Bien plus : il suit les alternatives bonnes et mauvaises de la société dont il fait partie, il sait exactement l'état de ses propres affaires, il y veille plus soigneusement, son ménage marche mieux, et toute sa famille s'en ressent autour de lui. Ce carnet, enfin, est bien préférable pour un ouvrier laborieux au meilleur livret ordinaire : d'abord coupon d'intérêt, bientôt objet d'amour-propre, il devient pour plusieurs un témoignage irrécusable de bonne conduite. C'est au point que l'on m'a cité un jeune homme qui attend avec impatience que les sommes inscrites sur son carnet, et les additions toujours croissantes de son épargne, lui permettent de s'en faire un titre pour solliciter l'alliance d'une famille dans laquelle il ne souhaite rien tant que d'entrer. Bien sûrement ce résultat des carnets n'avait pas été prévu. C'est là le privilége des bonnes choses : elles engendrent elles-mêmes le bien, comme les mauvaises engendrent le mal.

Depuis la publication de notre petit traité, de nouvelles associations ouvrières se sont formées, et d'autres ont cessé d'exister. En somme, il y en a bien davantage aujourd'hui, sans que pour cela le nombre total des membres dont elles se composent se soit accru ; il a même diminué, mais j'ignore dans quelle proportion. Une liste de ces associations, publiée dans les derniers jours de 1849, et que je dois croire assez exacte, en mentionne environ 250 (dont presque toutes à Paris) dans le seul département de la Seine, et indique pour chacune la profession et le siége de la société. C'est que celles qui comptaient des centaines d'associés se sont divisées en plusieurs, du moins la plupart, et que les démissions ou les retraites ont été plus nombreuses que les admissions nouvelles. Ainsi, l'on trouve dans cette liste les adresses d'une cinquantaine d'associations pour les coiffeurs, d'une quarantaine pour les cuisiniers, et de neuf ou dix pour les cordonniers. On y voit d'ailleurs figurer un grand nombre de professions, et jusqu'à des associations, qui n'existaient pas encore il y a douze ou quinze mois, de médecins, de pharmaciens, même de sages-femmes!

Les associations encouragées par l'État ont toutes des actes de société réguliers et conformes au modèle adopté par le conseil d'encouragement créé en exécution du décret du 5 juillet 1848. Quant aux autres, leurs actes de société empruntent bien des articles au modèle dont il s'agit, mais ils ne sont pas toujours réguliers (1).

Ces dernières, cependant, instruites par l'expérience, abandonnent toutes aujourd'hui l'égalité des salaires, et reconnaissent aussi en général combien il leur est nuisible de changer souvent de gérant et de trop limiter son pouvoir. Aussi, quelques-unes en ont fait un chef dont l'autorité égale presque celle d'un entrepreneur d'ouvrage.

On conçoit que dans toute société de ce genre, composée d'ouvriers salariés qui ont droit pour une certaine part aux bénéfices, et d'un patron qui apporte le matériel de l'exploitation avec des fonds pour la faire marcher, celui-ci reste nécessairement maître inamovible de l'entreprise, et les ouvriers de simples intéressés, bien plutôt que des associés dans le sens de la loi, car ils ne supportent jamais de perte.

---

(1) On comprend, d'ailleurs, que la rédaction doit y présenter de nombreuses variantes. Celles-ci ont lieu surtout dans les articles relatifs à l'apport des associés et à la formation du capital social; à la répartition des bénéfices et des pertes; au fonds de réserve, à la gérance, aux *collaborateurs à l'essai*, etc.

On a vu plus haut, dans le petit traité des associations ouvrières, que celles qui affectent de s'appeler *associations fraternelles* doivent, en général, par les hommes qui les composent et par les vices de leur organisation, succomber les premières. Depuis la publication du petit livre rappelé ici, les tribunaux ont retenti de procès qui prouvent que la discorde y divise souvent les sociétaires, que chacun veut commander et ne pas obéir; que la *fraternité*, en un mot, existe seulement à la porte sur l'enseigne, et que par le manque complet d'ordre, d'économie, la déconfiture arrive promptement et inévitablement.

Le lecteur peut juger maintenant si les conclusions données au petit traité des *associations ouvrières*, et les prévisions qu'il contient, se trouvent ou non justifiées par les résultats recueillis jusqu'à ce jour.

Avril 1850.

Paris. — Typographie de Firmin Didot frères, rue Jacob, 56.